調所笑左衛門

幕末の薩摩藩 悲劇の改革者

原口虎雄

草思社

幕末の薩摩藩

悲劇の改革者　調所笑左衛門

原口虎雄

旧版　『幕末の薩摩』（中央公論社、一九六六年刊）

まえがき

偉大な人物ほど、さまざまな批評をする。だが〝歴史の眼〟をとおさない批評ほど、無責任なものはない。大衆的イメージの中では、頼朝や家康は好かれない。大久保利通の影は薄いが、西郷隆盛の人気は圧倒的である。

ところで、本編の主人公調所《ずしょ》笑左衛門《しょうざえもん》ほど真実の姿をゆがめられ、誤解と怨嗟の中に包まれた人がいるであろうか。徳川三百年の間に封建社会の改革者として成功したのは、幕府の松平定信と薩摩藩の調所笑左衛門だけである。

それだけの偉業をとげながら、西郷や大久保など元勲たちからは「奸曲《かんきょく》私欲ヲ専《もっぱ》ラトシ、国体ヲ損ジ風俗ヲ乱シ、邦家ヲ覆シ危キニ至ラシメ」と憎まれた。元勲たちが青年志士であった時分には、「毒蛸変化物語」や「三国兼《みくにかね》」「調所笑草」で悪の張本人にしたてられ、数え歌にまでされてそしられた。近代になっても、加治木常樹《かじきつねき》の「お由羅《ゆら》騒動記」にボロクソに書かれ、直木三十五の「南国太平記」では、怪物のように面白く書かれている。近ごろようやく、海音寺潮五郎の「西郷隆盛」の中で充分に活動して、人々の注意をひくようになったようである。

明治維新は、日本史における最大の変動であり、かつまたその後のすばらしい世界的発展の起点であるだけに、維新史の研究も大変な進歩をとげた。当然の結果として、維新変革の実力的解決者であった薩摩藩の研究が、重要視されるようになった。人々は最初に、島津斉彬《なりあきら》、西郷、大久保などの元勲、志士に注目した。だがそのうちに、彼らの花々しい活動の舞台裏に、調所笑左衛門という、アトラスを支えるプロメテウスがいたことに気がつき始めた。土屋喬雄《たかお》の「封建社会崩壊過程の研究」や、徳富蘇峰の「近世日本国民史　雄藩篇」などが、それである。

周知のように、すでに天保の頃（十九世紀の初頭）には、幕藩体制も崩壊期に入り、幕府はじめ諸大名はひとしく町人の経済力に頭《こうべ》を垂れて、朝夕をしのぐ状態になっていた。薩摩藩はその中でも、貧乏日本一にランクされ、金貸しから完全に見放されていた。したがって、大名行列はおろか、朝夕の駕籠賃や人足代、買物代にも事欠く始末。ちょうど白蟻に蝕まれた巨屋のように、幕府も諸藩も、音をたてて瓦解してゆくところまで、行き詰まっていたのである。

ところが薩摩藩だけは、不思議にも、日本一の富強国に生まれ変わった。この起死回生の大手術を行なった名医が、ほかならぬ本編の主人公調所笑左衛門である。一変した薩摩藩は、斉彬に至って洋式工業の中心となり、兵は精強に、武備は天下を左右する実力者となって、近代日本の黎明《れいめい》をもたらした。かくて維新史を埋めるほどの元勲を輩出したのである。

それにもかかわらず、志士たちは「邦家ヲ覆シ危キニ至ラシメ」た「極罪ノ者」として、故意に調所を抹殺し、その遺族を罰している。明治の世に変わり、猫も杓子も贈位の恩典に浴する時代になってからも、調所はおきざりにされ、一家も離散してしまった。事実は、たまたま調所の贈位が問題となっても、元勲たちの横槍で、沙汰やみになったということである。

それにしても、若い純真な心に植付けられた偏見ほど、恐ろしいものはない。しかもそれが、文化六年（一八〇九年）の〝近思録《きんしろく》崩れ〟（宋学《そうがく》の入門書である近思録を愛読し藩政改革を志した家老らの粛清）に始まり、嘉永二年（一八四九年）の〝お由羅騒動〟（島津斉彬と久光の家督争い）においてクライマックスに達し、続いて島津久光と西郷との確執として、半世紀以上も尾をひいた激しい政争の過程の中ではぐくまれる時、もはや救いのない憎悪と化してゆかざるをえない。血で血を洗う惨烈な政争の中で、敗者の中心人物が、ひどい悪評の対象となるのは、人間社会の常である。

私は島津斉彬の水車館跡に誕生し、加うるに母は、「順聖院様《じゅんしょういんさぁ》」として、斉彬を神のように崇敬していた。武《たけ》村の西郷邸にも近く、南洲手筆の「田上《たがみ》小学」の門標を誇る田上小学校に通った。だから、「順聖院様」も「西郷《せ ご》どん」も、ごく身近な神様として感じていた。幼い心には、これらの神様の敵は、同時に自分の敵でもあった。

しかしその後、県立一中に入り、調所派の重役吉利仲《よしとしなか》の孫や、お由羅の兄岡田半七の孫と親友になった。岡田の一人孫は、岡田姓をはばかって母方の姓になっていたが、誠に気の毒であった。立派な人たちだったから、そのせいか、「南国太平記」を読んでも、調所派に悪い感じを抱かなくなった。さらに幸いなことには、調所の子孫や縁故の人たちと、深い交情を結ぶようになったことである。それやこれやで、五十年の間に、調所、斉彬、西郷、大久保ら維新史上の偉人の間を、心の遍歴を続けてきたようなものである。もはや大衆的イメージや、人間愛憎の岸を離れなければならない。

私の願いは、淡々として水彩画のように、幕末から維新期までの政治と社会経済過程の中で、この不幸な偉人の生涯を書いてゆくことである。ここでは難しい理論的解決を図ることが目的ではない。事実を事実として忠実に確かめてゆくことができれば幸いと思うのみである。そのためには、調所に関する文書、記録は漁りつくしたし、聞書もとったつもりでいる。

この長い年月の間には、数えきれないほどの人々の御好意にあずかった。ことに、調所家の秘録を全部解放していただいた上村ノブ氏（満八十七歳　笑左衛門の曾孫）には、感謝の言葉もないくらいである。また学習院大学の児玉幸多教授が、秘蔵の「西南紀聞」を貸与された学恩に対しても、これまた感謝の言葉もない。このほか、東京大学史料編纂所、鹿児島県立図書館、島津家、南日本新聞社日高旺氏、ネブラスカ大学ロバート・サカイ教授には、大変なお世話にあずかった。あわせて深く感謝する。

調所の肖像を画こうとして、ついに横顔に終わったかもしれない。調所については、前に一冊の伝記もなく、史料も聞書もまとめられていなかった。その横死と、死後の悲惨な事情が、そうさせたのかもしれない。そのためあまりにも不明な点が多かった。

しかし決して想像を加えて筆をのばすことだけはしなかった。大島代官記に、明和六年丑二月廿日大島代官附役川崎主右衛門とあるのは、おそらく調所の実父だろうと思うが、未だに確かめることができないので省いた。第一回の原稿はこの三倍の分量のものであったが、細かな地名、人名はもちろん、重要な天保改革の事業の一部分までも削って単純化を図った。

この原稿を出すときに、上村ノブ女の病臥の報をうけた。初稿で数え年八十五と書いたのを八十八と訂正せねばならなかったのだから、さもあろう。もっと聞きたいことが多くていつの間にか歳月がたってしまったのだ。率直にいうと、何か新しく知ろうとして戦後に書かれたものも漁ってみたが、どれも県史以前の刊本の写しか、または理論的解決に性急なもののように感ぜられた。今度の戦争の前後から急速になくなった貴重な史料や古老に、もっと忠実に、熱心に、直接的なつながりをもつべきであった。同じく近世史を研究するといっても、地方に在住する者としては、沈潜して史料や聞書の整理に力点を置くという分業のやり方も大事だと痛感した。この意味においても、本書は著者自身の自責自励の新しい再出発点としたい。

童虎山房にて

昭和四十一年三月

表紙

天保年間鹿児島城下絵図

（部分、鹿児島市立美術館蔵）

幕末の薩摩藩
悲劇の改革者　調所笑左衛門

目次

第一章 調所家の来歴と薩摩藩

第二章 重豪と斉宣の時代

第三章 財政を立て直した蛮勇

第四章 物産・流通改革と黒糖収奪

第五章 調所改革への不満

第六章

斉彬と調所の対立

第一章

調所家の来歴と薩摩藩

1 調所家の来歴と笑左衛門

調所反対派による調所関係資料の焼燬

調所家は零落のはてに、一家は離散してしまった。明治二十年代の初頭のことである。そのとき数えで十三歳、はるばる海をこえて、大隅《おおすみ》国高山《こうやま》村の県会議員永井実功《じっこう》の家に貰われていった笑左衛門の曾孫ノブ（同村の上村家に嫁す）は、現在、亡弟広胖《ひろあき》の娘と一緒に、多くの孫たちに囲まれて、和やかな余生を楽しんでいる。明治十二年生まれの、数え年八十八歳である。ノブ女が調所家の二女に生まれてから、この八十七年の間には、鹿児島県にも日本の国にも、さまざまな世態の変化があった。

まずノブ女が生まれる直前に、西南戦争が起こった。鹿児島人を真二つに割る大乱だったが、調所家にとっては、反調所派の仲間割れにすぎなかった。戦乱の後は、鹿児島県庁から県人は追い払われ、他県出身の岩村通俊《みちとし》や渡辺千秋《ちあき》が県令として治める世の中になった。反調所派および大山綱良《つなよし》県令は、調所関係の文書、記録を焼燬《しょうき》したが、渡辺県令はわざわざ海老原清熙《えびはらきよひろ》に諮問して、調所の功業を新政の参考にしようと図った。

海老原は通称を宗之丞、当時隠居して雍斎《ようさい》と称していたが、天保度の藩政改革には、調所の腹心として、企画・実行の要枢《ようすう》を握った人である。それだけに最も憎まれ、調所の死後は退役させられ、さらに文久三年（一八六三年）には、「謀主トナリテ姦意ヲ助候者」と極印を押されて、屋久島遠島の追罰をくった。そうした海老原に諮問したのは、長いあいだ私学校徒によって紊《びん》乱《らん》していた県政を再建するのには、調所の経験に頼らねばならなかったからであろう。

笑左衛門の曾孫ノブと遺品

　このときの記録が、「調所笑左衛門広郷《ひろさと》履歴概略」とか、「海老原清凞履歴概略」「海老原清凞家記抄一・二・三」などとして、後世に遺されたわけである。異本が多いけれど、児玉幸多教授の「西南紀聞―調所笑左衛門政績」は善本である。もと渡辺県令の所蔵であっただけに、最も信頼性の高いものである。それには、調所の孫の謙次郎自著の「祖父事蹟概略」や、「調所家文書書抜」がおさめられている。しかし今日から見ると、謙次郎の遠慮からか、祖父の事蹟については簡に失し、あるいは重要文書を落としている。これは心あってやったと思える節もあるが、調所の自殺前、すでに焼燬したものもあったに違いない。

調所の死は、密貿易の一件が露顕しそうになっての自殺と噂されているくらいだから、きれいに証拠は湮滅《いんめつ》したはずである。しかし大坂の町人・浜村孫兵衛宛ての書簡集やその他を見ても、改革上の秘事は、藩主島津斉興《なりおき》と彼と浜村の三人で謀議して決定したらしいし、いっさいは面談口頭で行なわれたらしいから、もともと証拠になるようなものはなかったようである。いずれにせよ、そうなると惜しくてならないのは、天保度の改革中に作製された膨大な編纂書類が焼燬されてしまったことである。

「改革事業がやや軌道にのった時分に、趣法方《しゅほうほう》という改革事業をつかさどる役所の調査係の中に、特別に税所《さいしょ》源左衛門と矢野喜三次の両人をおいて、改革事業の沿革や薩摩藩の国勢調査に関する一大編纂事業をやらせた。両人とも勤勉緻密な性格で、私の傍において三、四年もの間よく勉強して書き続けて相当な大冊になっていたが、維新の際に藩制時代の旧例古格を廃棄することになって、みんな焼き捨てたという話だ。また別に私が調所さんに随従するようになった天保七年以来の事業や天保改革の沿革について、上井甚七に命じて記録させたものも相当な大冊になっていたが、これも一緒に焼き捨てられたものと思われる。およそ薩摩藩の領内の各郷各村、津々浦々、島々や琉球の果てに至るまでくまなく捜索の手をのばして、石高・人口・船数・牛馬数・物産・神社・仏閣などの詳細を記し、享保以来の税法の沿革や天保改革の事歴や琉球の事件までも、後世の亀鑑《きかん》にしようとして書きのこしておいたのに、すべて灰燼《かいじん》に帰したというのだから、さてさて今になってはたよるべき資料もない」と海老原が嘆いているが、これはよほど詳細な記録であったらしい。坊主憎けりや袈裟《けさ》まで憎いという憤怨の炎が焼いたものであろうか。

渡辺県令や前田正名のような達見の人に、たまに認められるようなことはあったにしても、またその後いかに世態は変わっても、いったん調所反対派によってつけられた憤怨の炎は、調所の功業を故意に抹殺してきた。こういうことがあってからか、孫の謙次郎は、世の中を拗《す》ねて暮らしたようである。きれいに財産を使いはたしたあげく、単身飄然《ひょうぜん》として串木野《くしきの》鉱山に身を隠してしまった。十三歳のノブ女を頭に四人の子女をかかえて、妻女はずいぶんに苦労したらしい。そのうちに、家事を助けていたノブ女も永井家に引きとられ、弟妹たちも方々に貰われていったが、乳呑子

明治35年の調所家
左から平田とも、上村信、調所とや、調所広胖、坂本花

は、「今でいう栄養失調で死んだんでしょう」という話である。

笑左衛門の遺品

このような悲惨な境遇の中にあっても、「弟の広胖《ひろあき》が成人の暁まで保管するように」と、父に言い遺された調所家の文書・記録類を、けなげにもこの十二歳の幼女は、八十七歳の今日まで、かたく守り続けてきたのである。今日、調所家には系図もなく、笑左衛門の肖像もない。亡弟広胖が彦島で急死したときに、ともに行方不明になったそうである。

調所家を訪れてびっくりすることは、数多くあった殿様の拝領品がきれいに売り払われている中に、豪華な拝領品の京人形だけが残されていることである。貧窮の中の、親と少女の心根がしのばれてならない。さらに驚くことは、むさくるしい馬の草鞋《わらじ》が、家宝として、笑左衛門の足袋《たび》・脚絆《きゃはん》などとともに、大事に保存されていることである。聞くところによれば、馬の草鞋を路で拾えば金運に恵まれるという。

片々の馬の草鞋を拾って御家の財政復興を念じ、五十三歳から七十三歳の老年に至るまで、毎年江戸と薩摩の間を往復して、大坂や京都・長崎のことまで、みずから指揮した笑左衛門の一念がこもっているように感ぜられる。

正直にいって、笑左衛門の前半生について、多くは伝わっていない。思うにこの理由は、か

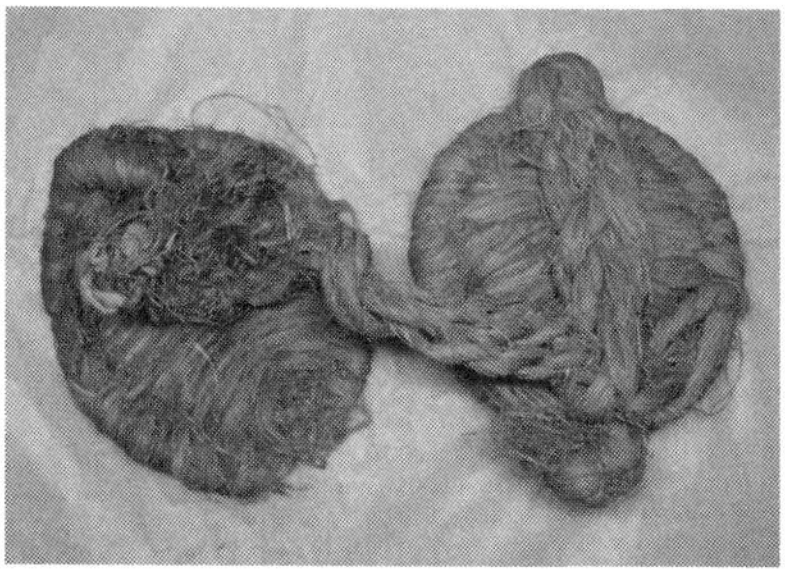

笑左衛門が拾った馬の草鞋

斉興下賜の人形

れの出身がざらにある鹿児島城下の軽輩であったからであろう。われわれの主な興味は、この曠世《こうせい》の巨人が、歴史の舞台に躍り出た文政十年（一八二七年）から、自殺した嘉永元年（一八四八年）までの二十年間の業績に集中している。しかしその人の仕事を理解するには、その人の出身と環境の影響をおろそかにするわけにゆかない。それにまた、〝三ツ子の魂、百まで〟の譬《たとえ》もあるように、もって生まれた性格は一生その人につきまとって、仕事のバックボーンとならないまでも、少なくともアクセントにはなるものだ。

　そこで、数少ない史料の中から、できるだけ、まだ無名の青年だった頃の笑左衛門を語ることにしよう。

調所家の来歴と家系

安永五年（一七七六年）二月五日、城下の下級士族川崎主右衛門の家に、元気な二男坊が生まれた。名は清八《せいはち》、母は竹下与右衛門の娘。天明八年（一七八八年）、十三の年に、調所清悦《せいえつ》の養子となり、名を友治《ともはる》と改めた。養母は、月野某の娘としか伝わっていない。

ちなみに調所は、近世になって「ずしょ」と訓《よ》んでいるが、中世に「ちょうそ」、すなわち「じょうそ」と訓んでいたものの訛音《かおん》であろう。

調所はもと国衙在庁《こくがざいちょう》の役所名で、諸税（公事《くじ》）の収納に当たったもの。薩摩藩の調所氏は、本姓藤原氏、その先は遠く房前《ふささき》に出て、大隅国在庁官調所職《じょうそしき》を世襲した家筋である。中世になってからは、他に主神職《こうつかさしき》や政所職《まどころしき》をも兼ね、代々相伝したようである。在地領主として、飛躍するための充分な所領を獲得するにもいたらず、他の税所《さいしょ》氏や姫木《ひめぎ》氏・加治木《かじき》氏ら在庁御家人のように、大きな戦闘力も持たなかった。したがって南北朝以来の動乱にもたいして巻き込まれず、形骸化した在庁の機構に依存し続け、在庁非御家人としての体面を保ってきた家筋である。

天文十七年（一五四八年）、本田董親《ただちか》が正八幡宮《しょうはちまん》を侵して、神官らを追放した事件が起こった。そのとき島津貴久《たかひさ》の力によって旧領を安堵せしめられてから、島津家との関係が緊密になり、やがて家臣化した。「薩藩旧記雑録後編三二」によれば、慶長十九年（一六一四年）七月二十三日、調所主水正なるものが、栗野の内木場村有村屋敷を与えられている。調所氏は、城下の調所家のほかに、志布志《しぶし》にもあるが、めったにない家筋のようである。とにかく由緒はあっても、花々しいところのなかった地味な家柄であったらしい。

鹿児島の調所氏については、旧島津家臨時編輯所本の中に、「調所氏家譜　乾坤」の二巻がある。家譜は、笑左衛門の所で止まっている。当の笑左衛門の項は、簡単に、「広郷　幼名恒篤」と記されてあるのみで全く空白のままに残されている。養父の項も、「恒□不明　称清悦　○母某氏○寛政元年己酉十一月二十七日没、葬……、法名禅応興宗居士、追加良恭院殿　○妻某氏、卒于文化元年甲子七月三日、亦葬……、法名月桂妙秋大姉、追加清光院殿」と記されているだけで、始祖は笑左衛門から五代前の善右衛門になっている。

善右衛門の兄は藤内左衛門武清といい、武清の嫡子藤内左衛門武茂は、四十八石の高持だった記録がある。善右衛門の父少内記恒□不明の代に、国分《こくぶ》から鹿児島に移された。少内記恒□の父は、大炊左衛門尉《おおいざえもんのじょう》恒□といい、国分が島津氏の本城であったころ、十六代義久に仕えて八十石を食《は》んでいた。島津氏すらも、義久の父貴久《たかひさ》が伊作《いざく》島津から入って本家を相続した乱世である。まして大隅の名族とはいえ、調所氏のような小豪族の本支関係が支離滅裂になるのは当然だった。大炊左衛門尉恒□が、調所家が五、六代後嗣がなくなるという状態に落魄《らくはく》していたときに調所氏を興《おこ》したらしい。

図1 調所家系図

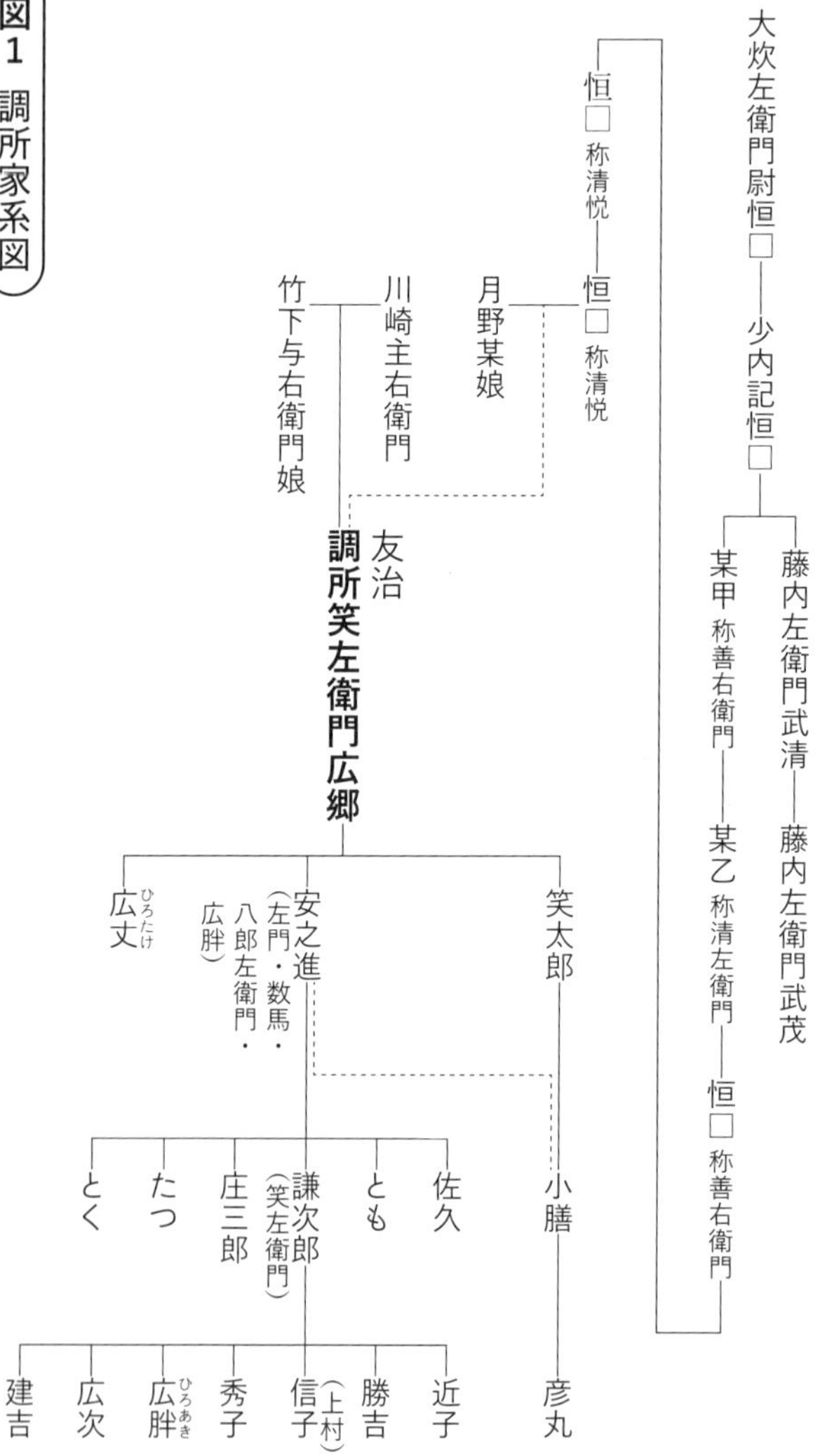
大炊左衛門尉恒□
少内記恒□
藤内左衛門武清
藤内左衛門武茂
某甲 称善右衛門
某乙 称清左衛門
恒□ 称善右衛門
恒□ 称清悦
恒□ 称清悦
月野某娘
川崎主右衛門
竹下与右衛門娘
友治
調所笑左衛門広郷
笑太郎
安之進（左門・数馬・八郎左衛門・広胖）
広丈《ひろたけ》
小膳
彦丸
佐久
とも
謙次郎（笑左衛門）
庄三郎
たつ
とく
近子
勝吉
信子（上村）
秀子
広胖《ひろあき》
広次
建吉

たいていの鹿児島士族の家譜がそうなっているが、近世の各氏と中世の各氏をつなぐことは、ほとんど不可能であり、さしあたってその必要もない。要するに、調所氏が大隅の名族調所氏の跡であり、大炊左衛門尉以来、連綿として藩主の旗本であり、本家は鹿児島士族としては中位の禄を食んでいたことがわかれば足りる。

嫡家の記事が、詳細をきわめているにもかかわらず、二男家たる笑左衛門家の記事は、簡単すぎるようだ。原本が湮滅して、現存するのは写本だけだから、確実なことはいえないが、どうも笑左衛門の代になって、嫡家の系譜をかりて、作製したものではなかろうか。それも広郷と改名してから、すなわち文政九年（一八二六年）以後のことであろう。藩政改革の大命を拝して大変な出世はしたが、後で述べるように大変忙しくて、書き加えることが、とうとうできなかったものと思われる。

笑左衛門家は、父も祖父も茶坊主であった。曾祖父《そうそふ》も高祖父《こうそふ》も、またその父の分家の初代善右衛門も、そろって諱名《いみな》や勤めがわからない。まして妻や母の名など不明である。どこの二男家でもそのようだが、調所の二男家も、本家より一段下の「御小姓与《おこしょうぐみ》」の家格で、これといった勤めにもありつけず、無高無屋敷で財産とてなく、内職をしてしがない暮らしを立てていたものであろう。

御小姓与というのは――西郷隆盛の家もそうだった――士分ではドンジリの家格であったが、笑左衛門家が御小姓与であったことを、最近確認しえた。それは偶然な機会に、次の「差出《さしだし》」

を発見したからである。嫡子笑太郎が十一歳で、御目見《おめみえ》にあずかったときの差出し書に、「養父養祖父又は先祖代御役相勤め、一代小番新番に入れ置かれ候者御座無く候」「代々御小姓与へ入れ置かれ、私儀は御役に付き、一代新番に仰せ付けられ、当分御茶道頭御役相勤め罷り在り申し候」と上申している。この「差出」には、「一、実家代々御小姓与川崎伴之進にて御座候」という付箋がついているから、生家の川崎家も、これまた軽輩の家格であったわけだ。

笑左衛門の代になって、右の「差出」にもあるように、新番の家格に昇進した。それは御茶道頭の役柄との釣り合いからだったが、その際でも、なお無高無屋敷者だった書付があるから、「幼年より家貧しく」と海老原が語っているのは事実であろう。

こうした貧窮の家に育ったから、薩摩藩の武士の子弟にとって重要な社会組織である「郷《ご》中《じゅう》」（後述、四八ページ）のいずれに、調所が属していたかは伝わっていない。最近になってようやく確かめることができたところでは、その生地は上町方限《かんまちほうぎり》（地区）の堂の前であるから、そこの郷中と察せられる。おそらく、多くの無高無屋敷の武士同様、寺院の門前地とか、村方あたりに、借地借家住まいを転々としていたのであろう。

要するに、西郷などと同じく、貧窮の士であったということだが、ここでは目を転じて、調所友治少年が育った当時の、薩摩藩の社会環境について述べておこう。

2　島津七十七万石の家臣団

薩摩藩家臣団の構成

調所の主家である島津家は、頼朝の庶長子忠久の後裔と称し、徳川時代には、鎌倉以来ただ一つの守護大名の名家として、また加賀百万石につぐ七十七万石の大名として、最良の毛並みを誇っていた雄藩である。次ページの表1でもわかるように、膨大な家臣団をかかえて、兵馬の強をもって知られていた。兵力の中心は城下士族であったが、当時の組織は、まず次のようであった。

御一門家（四戸。親族としての扱いをうける）
一所持《いっしょもち》（十七戸。一所、すなわち一つの外城《とじょう》をもつ領主）
一所持格（四十一戸。一外城をもたないまでも、それに準ずる領地と家臣団をもつ重臣）
寄合《よりあい》（五十四戸）
寄合並《よりあいなみ》（十戸）
無格（二戸。亀山家と山田家、いずれも故あって嫡家相続を辞退した島津の本流）

表1 族籍別人口表

（鹿児島県禄高調、明治4年7月14日現在）

族籍	薩隅日三州	%	全国（明治6）	%
平民	568,643	73.62	31,106,514	98.9
士卒	203,711	26.38	1,895,278	0.56
僧尼及び神官			146,494	0.50
総計	772,354	100	33,298,286	100

士族1人につき平民2.8人（全国では同16.5人）

小番《こばん》（七百六十戸。他藩の馬廻り役に相当する）
新番（二十四戸。新しく設けられた家格）
御小姓与（三千九十四戸。徒士《かち》に相当し、大番《おおばん》ともいった）

以上の九階級に分かれ、その下に郷士《ごうし》（大番格として待遇される）、次に与力《よりき》（座附士《ざつきし》ともいい、各局専属になっていた）があって、まずこれまでが士族にランクされる。この下には、各外城の座附士と足軽とがあったが、これは武士とはいえず、明治になってからも卒族《そつぞく》として区別された。これらのほかに、各私領主（一門・一所持・一所持格など）の家臣団がいたが、これらは一般に、「家中《かちゅう》」と呼ばれ、武士ではあっても、「陪臣《またざむらい》」として、ひどく軽く見られていた。

これら上下の階層のあいだでは、今日ではとても想像も及ばぬほどの厳格な差別があったもので、著者の少年時代の大正から昭和の初期にかけても、なおその余風が残っていたようである。最下級の御小姓与でも、城下士であるからには大した鼻息で、地方在住の郷士や家中を見下すこと、まるで家来のようであった。郷士を「一日兵児《ひしてべこ》」（一日武士の形をし、一日農耕をする兵児）といっていた裏には、「なにを田舎の肥《こえ》タゴざむらいが！」という、強い階級意識があった。

また著者は、「郷士は唐紙《とうし》一枚よ！」と、古老から聞いたことがある。中央官吏である城下士に楯つく郷士なぞは、斬り殺してしまっても、唐紙一枚の届け出で、簡単に処理されるということであったのだろう。その郷士がまた家中に対しては、縁組もしないというくらいに、同じような外城士の境遇にありながら、自他を区別していたのだ。

もっとひどい話は、同じ外城の郷士の間でも、外城の中心である「麓《ふもと》」居住の郷士と、麓を離れて村方に居住する郷士の間では、はなはだしいへだたりがあったようである。ふだんに麓の上級郷士は、在村の下級郷士を軽蔑して、「唐芋《からいも》郷士」と呼んでいたようだ。「お前たちは、唐芋しか食べられないだろう」という意味の言葉である。

このような圧制が昂じたあげく、加世田《かせだ》郷では、ついに安政五年（一八五八年）十一月十八日から三日間、いわゆる唐芋郷士たちが、一部の百姓と連合して、麓郷士の攻撃を始めた。薩摩藩としては、きわめてまれな一揆であったが、たちまち粉砕されて、竜頭蛇尾に終わった。

薩摩藩の郷士制度

ここで郷士制度について説明しておこう。これは本書では、大変重要な役目を果たしているし、また他の藩にはない独得の制度で、薩摩藩の政治も経済も軍事もいっさいが、この郷士制度を主軸として運転されていたからである。

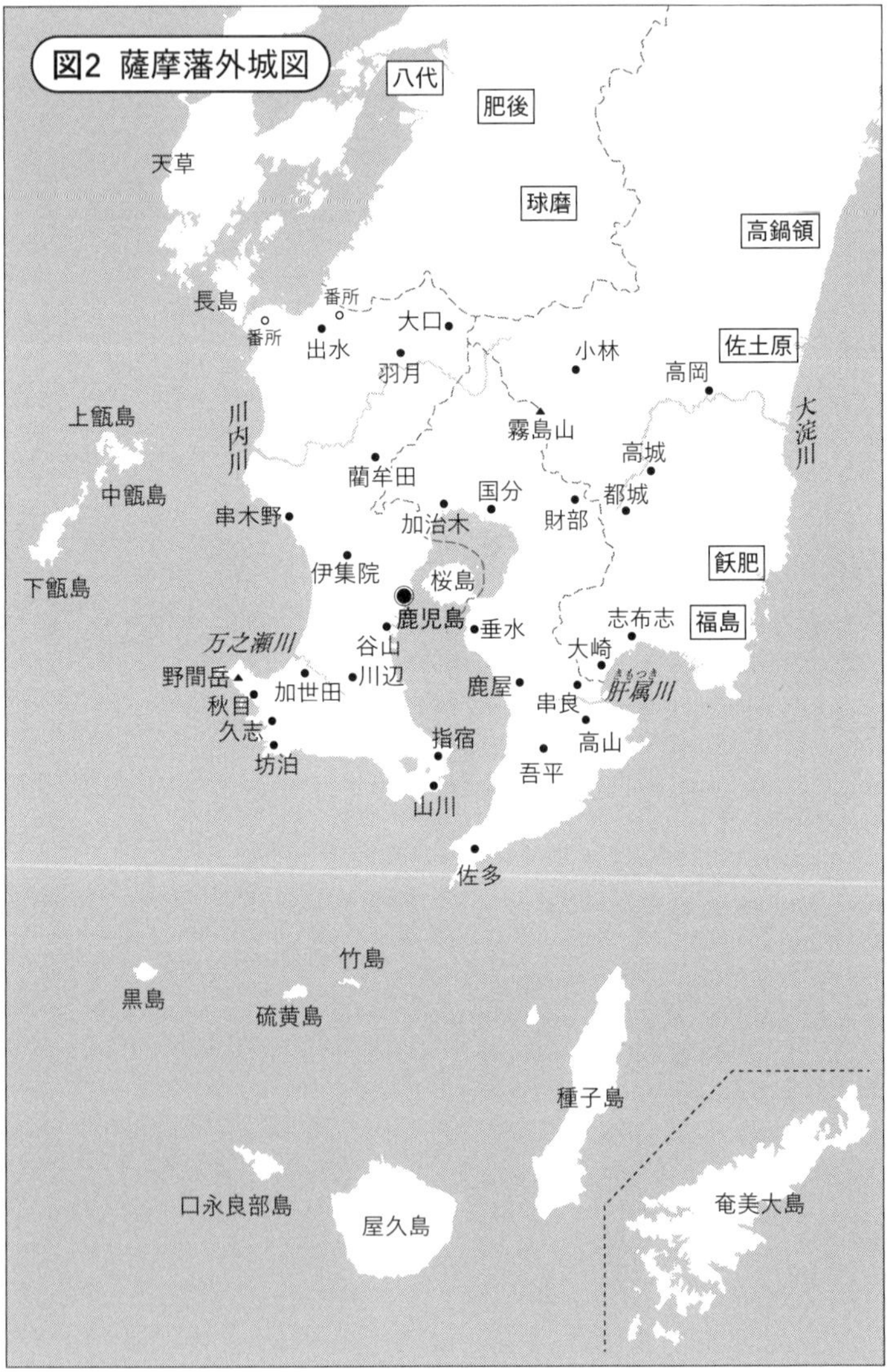
八代
肥後
天草
球磨
高鍋領
長島
番所
番所
大口
出水
羽月
小林
佐土原
高岡
上甑島
川内川
霧島山
大淀川
高城
中甑島
藺牟田
国分
都城
串木野
財部
加治木
飫肥
伊集院
桜島
下甑島
志布志
鹿児島
福島
垂水
万之瀬川
谷山
大崎
野間岳
川辺
加世田
鹿屋
肝属《きもつき》川
秋目
串良
久志
指宿
高山
坊泊
吾平
山川
佐多
竹島
黒島
硫黄島
種子島
口永良部島
屋久島
奄美大島
図2 薩摩藩外城図

天正十四年（一五八六年）には、それまで九州をほぼ手中に収めていた島津氏も、豊臣秀吉に攻められて、薩摩・大隅の二国と日向の諸県郡《もろがたごおり》一郡に押し込められてしまった。それではとてものこと、膨大な家臣団を養ってゆくわけにはゆかない。そこで地方を百十五ほどの「外《と》城《じょう》」に分画して、家臣団を屯田《とんでん》させ、農耕によって自活させる仕組みをとった。うまく幕府の一国一城の制度をごまかしたわけである。

この地方居住の武士団が「郷士」というもので、「麓」という武士集落をつくり、ふだんは地頭仮屋《じとうかりや》に出勤して外城の行政をあずかって、百姓や町人や浦人《うらにん》（漁師）を、ビクともさせぬくらいに押さえつけて支配する。しかしいったん戦争でも始まれば、ただちにそのまま軍団を形成して、地頭の指揮の下で動き出すという仕組みである。

他藩でも財政が窮乏してくると、いろいろ秀れた人が出て、立派な経済政策を立てたが、あらかた失敗に終わったのは、薩摩藩のような郷士制度を欠いていたからといえよう。上でどんな名案を立てても、それを強力に実行する下部組織があって、百姓・町人から充分にシボリ上げることができなければ、空案に終わるからだ。

一部の人を除いて、大方の郷士は禄高が少なかったので、農業で自活して食ってゆかねばならなかった。次ページの表2を見られたい。これは伊作《いざく》郷の例であるが、ほかの郷も大同小異であったと考えてさしつかえない。

郷士が一般に軽く見られるようになったのは、徳川後期、ちょうど調所笑左衛門が生まれた

表2　伊作郷郷士の禄高別構成（慶応2年）

高	家部
100 ～ 50　石	6
50 ～ 20　石	18
20 ～ 10　石	13
10 ～ 1　石	68
1 ～ 0.1 石	57
0.1 石未満	170
計	332

（附）高	屋敷持	無屋敷	計
1才	14	26	40
1合以下	16	14	30
1升以下	13	22	35
合計	43	62	105

安永の頃（一七七六年）からのことで、以前はそういうことはなかった。初めの頃は、城下士でも「鹿児島衆中《しゅうじゅう》」と呼んだが、同様に「志布志衆中」「出水《いずみ》衆中」というふうに、それぞれの外城名を肩につけて呼んだのであって、「郷士」と一段格下げするようになったのは明和・安永以後のことである。これは城下士が中央で政治の実権を握る関係上、自然とそのようになったようである。島津重豪《しげひで》の明和・安永の制度改正は、そのような風潮を制度化し、固定化したものである。

初期以来、城下の「大身分《だいしんぶん》」（寄合並《よりあいなみ》以上の家格）の上級士が、外城の地頭に任ぜられ、外城の衆中は、その家来同様に地頭の下知《げじ》に従わねばならぬ定めであった。地頭の下には、さまざまの役目があって、郷士がこれに当たった。

中でも噯《あつかい》（安永の改正で、郷士年寄と改称され、慶応元年ふたたび噯の古称にかえった。複数合議制の外城政治最高の責任者。明治の新政では、戸長になる人が多かった）や組頭（外城の郷士を数組に分かち、軍事の単位としたが、その頭）などの家筋は、禄高も多かったし、そのうえ、もともとは城下士同等またはそれ以上の家格の人が、地方鎮撫のため定住していたので、暗に城下士を凌ぐ気位をもっていたのである。彼らは地方の産業経済上の責任者として実務の経験も深く、また自らも一個の富農的経営者であった。

調所は郷士制度の圧力によって、自分の経済政策を農民層に徹底させるとともに、郷士のうちの有能者を優遇して、手足のように巧妙に使いこなした。この郷士制度の活用こそ、調所の天保度の藩政改革成功の鍵の一つであったと考えられる。

郷士年寄たちによる藩政改革と、維新戦争

維新戦争においては、郷士たちも全藩的に動員されて戦功を立てたが、西南戦争では、心底からは動かなかった。血気の青年輩はともかくとして、心ある戸長連中の協力は、消極的であった。それは維新後もとに返ったような差別待遇——禄高の制限や任官上の差別や恩賞の不平等——などに対する強い不平が、全県的にくすぶっていたからである。海音寺潮五郎の「二本の銀杏」の主人公大口《おおくち》郷の有村隼治などは、他の郷士年寄堀之内良眼坊などと一緒に、天保度の改革では、大口地方の開発者として大功を立てているが、そののち世の中が一変して、反調所派であった西郷時代には、無惨にも血気の若者たちに斬殺されている。

出水郷の郷士年寄の伊藤氏の場合などは、調所の天保度の藩政改革に対する態度と、西郷の

西南戦争に対する態度が、いかにもはっきりと違っている。もともと伊藤家は、近世島津の祖、島津日新《じっしん》の腹心として有名な井尻神力坊《いじりじんりきぼう》の嫡流で、島津義弘の五十七人軍談衆の一人として、その子常陸坊は股肱《ここう》の役を勤めていた。出水外城の創立とともに、その鎮護の重命を帯びて赴任し、そのままに定住して、噯となったものである。慶長十七年（一六一二年）の「薩州出水郡衆中軍役高帳」では、百八十六石八斗七升四合五勺を給されている上級郷士（他藩にくらべて、武士の給与は少なく、鹿児島の百石は、よその二千石と自負していた）であり、のち帰府して鹿児島本府の重役となった伊集院主右衛門尉や三原舎人助などとともに、同列筆頭に位している。出水や志布志や高岡のような国境には、大きい外城をつくり、よい家臣を配したが、伊藤家はその適例である。

伊藤家は先祖以来、出水郷の開田その他に励んで功があったが、調所の時代になると、相当重用されて、産業上の功績も大きかった。先にあげた海老原清凞述の調所関係記録の中には、「出水の郷士伊藤伝後左衛門をやって、肥前の大村から、楮《こうぞ》の良種を取りよせて、栽植させた」と載っているが、伊藤家文書にも、同郷の郡山氏など数名と大村に行った顚末が残されている。このほか、櫨《はぜ》の栽植や塩田の開発などにも、調所の後援をうけて活躍した。

維新戦争になると、その子八郎左衛門祐徳が大いに働いて軍功を立て、とくに西園寺公望《きんもち》の帷幄《いあく》として働いた。その関係から、西園寺とはかなり親しかったらしく、またよほど有能な人であったらしい。それは、のちに北薩五郡の郡長を兼ねていたことでも推し量られる。この人は、特別に西郷を尊敬していたわけでもなかったらしく、西郷が伊藤家の子女に書いてくれた書など、惜しげもなく人にやって、いまは一枚の家蔵もないと、当主の信夫氏は笑っている。

このようなしっかりした人物であったから、西南戦争にもなかなか動こうとしなかった。そこで業を煮やした血気の若者たちが押しかけて来て、〝山芋を掘り〟（鹿児島語でクダを巻くことに使う）、あげくの果てに、鉈《なた》をふるって床柱に切りつけるという乱暴騒ぎまで起こった。結局は隊長として出軍したが、間もなく帰郷して、自分の家を官軍の本営にしたという話である。壮士たちが押しかけて来て脅迫したときの鉈の傷跡が、今もなおすさまじかった当時の名残をとどめている。

このような話は、ひそかにしか伝わっていないが、各郷の戸長（昔でいうと郷士年寄級）の達識者には案外多かったことを、著者は知っている。今のような時世でも、西郷をちょっとでも批判したら、袋叩きにあいかねない状態である。まして以前は神様扱いであった。一途な武断派のかもし出す狂熱が、多くの良識を逼塞させていた。

経済にうとい城下武士らと、調所一派の対立

すでに述べたように、産業経済上の実際的責任者としての郷士団と、軍事的責任者としての城下武士団との立場は違っていた。加うるに、明和・安永（一七六四—八〇年）の階級的差別は、

いっそう両者をへだてたといえよう。

城下武士たちは、政治的・軍事的優越者として、郷士たちに上位するとともに、中央経済官吏としても、地方の郷士たちを指揮した。しかしこれは、おおむね失敗であったようである。もともと城下武士は、一般的にいって、家禄や文武の役目で「飯を食う」消費者的性格をもっており、産業の実際にはうとかったからである。郡《こおり》奉行（農政の最高の担当者）や、地方検者《じかたけんしゃ》（農業の監督官）をはじめ、竹木《ちくぼく》・櫨・漆・牛馬・宗門手札《しゅうもんてふだ》（戸籍）など、その他にも、あらゆる経済行政について、多くの監督官が置かれていた。これらのおびただしい数の中央経済官吏のある者たちは、地方出張所に三ヵ月ずつ滞在して、受け持ちの数郷を、絶えず督責のため巡回した。また一部の者は、中央から直接巡回に出かける。

地方の各外城には、それぞれ中央の官吏の役目に相応する郷士の下役が、これまたたくさん置かれていた。例えば、郡奉行・地方検者に対する郡見廻《こおりみまい》・溝《みぞ》見廻や、櫨方《はじかた》横目に対する櫨《はじ》見廻のようなもので、そのまた最下部には、百姓の「下《した》見廻」が、それぞれ控えていた。米穀の生産・収納の監督官として、打起検者《うちおこしけんしゃ》・仕付《しつけ》検者・草取検者・刈取納《かりとりおさめ》検者・未進《みしん》納究検者（未納の督促をする役目）、それに各蔵の目附・下代《げだい》（蔵の責任者）などがあって、四六時中、目を光らせていたというから、驚くように周到な検察制度であった。

法規の上では、「一、茅下《かやおろ》シ　正月二十日限　一、田地打起《うちおこし》　正月二十五日限　一、田人《たんど》（田途《たんど》——田地のこと）普請　正月十五日限　一、田地一番打起　二月二十九日限　一、田地二番打起　三月二十日限　一、

田地三番打起　四月十日限　一、種子おろし　三月二十日限……」と、きまっていても、また草取りは少なくとも四回と、それぞれ期限がきまっていても、満足に行なわれたことがあったろうか。すでに文化年間（一八〇七年）に、郡奉行久保平内左衛門は、「諸郷栄労調《しょごうえいろうしらべ》」の中で、田地の荒廃を嘆き、高山郷あたりでは二百町歩余が古荒田になっていると指摘している。天保の頃になると、もっとひどくなって、海老原清凞は、大口や菱刈《ひしかり》五ヵ郷あたりは、農民の疲弊はなはだしく、人口離散して、田が草山と化していることに驚いた。

それが調所の農政改革の端緒となったのだが、これほどまでに農政が紊乱したのは、藩の上部が机上の立案者であり、下の担当者がこれまた経済にうとかったからである。

いま伊作郷や川辺《かわなべ》郷の「郷士年寄所日帳」をひもといて見ても、毎日のように中央官吏が検察に巡回している。そのたびに、焼酎・玉子・鶏・魚・竹の子・野菜・薪などが、村々から徴発され、郷の役々が、宿にうやうやしく見舞いに行っている。

なにしろ、「郷士は唐紙一枚よ」と自負している役人のことだ。中には、女癖の悪かった役人の話も残っている始末。明治になってからは、悪い役人の批判もボツボツ帳面に出ているが、封建の世の中のことであるから、郷々の役人たちは、彼らを適当に威張らせて、うまく送り出すものだったらしい。帰途は、馬一疋、あるいは二疋、それに人夫まで付けて、お土産を運ぶのである。こういう世態に憤慨して、真向うから非難した硬骨の郷士年寄もいる。高山郷の伊東嘉太郎などがそれで、「感傷雑記」三巻を書いて批判した。

伊東のいうところは、「上から下まで利口者どもが私欲にはしり、藩の財政困難につけこんで、御益になるからとうまく理屈をつけて新法をとり企てる。お上の方でわずかの利益に目がくらんで免許するから、百姓や諸人に大迷惑をかけ、ついにはお上にも御損をかける。こんな不忠者ばかりいるわけでなく、たまには誠実の士もいるが、これはまたこれで、さっぱり実務にうといから国家のためにはならぬ」ということで、櫨・楮・菜種子・米・肥料・大島通船など一々の重要項目について細論したあげく、「どんなに上の方でよいと思う施策も、実地にうとい立案で、そのうえ運用よろしきをえないから、みんなだめだ。今のままでは国はますます疲弊し、諸人は産業をする気持ちを失って離散するばかりだ」と極論している。

ところが、調所の下で天保度の藩政改革に励んだ人たちは、大いに毛並みが違っていた。調所の腹心の海老原清凞などが、そのよい例である。幼にして貧窮の下士（代々御小姓与）に育ち、二十一のときから山川郷の渡《わたり》の蔵の下代を勤めて、家政を復興した有能の士である。したがって、彼のような民情に明るい人物が、農政を担当し始めると、まるで事情は一変する。「清凞は下役人を勤めた経験があり、役所や民間のならわしの裏表の悪弊をすっかり心得ていたから、改革中なにごとをなすにしても、これまでのようにごまかされることはなかった」ということになる。

一口に城下武士といっても、五千余戸（一説には六千余戸）もあったのだから、さまざまな人物がいたと考えられる。政治や経済にうとい頑冥《がんめい》勇敢な兵児たちも多かった。かりにその一部が、役人になりえたとしても、勝手方《かってほう》（経済を司る役）の民政担当者と、異国方《いこくほう》のような軍事担当者との間の教養・志向には、おのずからなるへだたりがあった。城下武士の多くが、昔ながらに経済にうとい古風な武断派なら、調所一党は、珍しくも世情に明るい経済派といえようか。この勝手方掛は寛政の頃から、趣法方《しゅほうほう》に変わったが、「趣法方ノ書役ハ、日々施行ヲ書記シ、多年勤メタル者ハ、財政ノ可否得失ヲ心得」ていた。それゆえに、「広郷改革ヲ荷ヒタル初、趣法方ノ一局ヨリ挙《あげ》用ヒタル多シ」と海老原がいっている。

重豪の意をうけた調所による大改革

島津斉彬が、嘉永元年（一八四八年）七月二十九日、家臣山口定救《さだすけ》に与えた書翰《しょかん》に、「財政改革を当然のことのように調所は考え、自分では忠心だとひとりよがりしているようだ」と評しているが、斉彬のように聡明な人にしてはピントが狂っている。

このように斉彬すらも経済観念が薄いのだから、まして斉彬を神様として仰いだ当時の武士たちの頭では、とても調所の事業の理解を求めることは難しい。西郷や大久保ら（もっとも大久保は財政家として成長してゆき、後には西郷と衝突したが）の青年たちは、儒学や近思録《きんしろく》に心酔し、秩父《ちちぶ》太郎や樺山主税《かばやまちから》らに傾倒した。後に述べるとおり、秩父や樺山は、二十六代斉宣《なりのぶ》の治世に、前代重豪の積極開化政策を廃して、儒教的理想主義のもとに簡朴な古風を復興し、倹約主義で財政復興を図った家老たちである。その結果、隠居重豪の逆鱗に触れ、それぞれ酷刑を科せられ、はては斉宣まで藩主の地位を追われた。これが有名な文化六年（一八〇九年）の〝近思録崩れ〟である。

斉宣の子斉興《なりおき》が跡をついだとはいえ、わずかに十九歳の青年で、事実は大御隠居《おおごいんきょ》と呼ばれる重豪が、ガッチリと藩政を握っていた。この重豪の厳命をうけて、藩政を一手にあずかり、天下を聳動《しょうどう》させるような大改革を、ビシビシとやってのけたのが調所だった。

重豪の死後、高輪邸内にその霊を祀る「護国権現」に詣るごとに、調所は、一時間も拝伏しては、生きている人に話しかけるように、何事かを囁いていた。海老原に語ったところによれば、老君の生前に、「この改革が成功したならば、そのつど、自分の前に出て報告するように」といわれていたので、その重豪の御霊が恐ろしくて、何事も残らず申し上げているのだ、ということであった。

このように、調所は重豪を神のごとく尊信し、重豪の死後もその生前と同じように、重豪の意を奉じた。だから松平定信の節倹政策に加うるに、重豪的な積極開発主義の両面の性格を、調所の藩政改革は備えている。この両面の性格は、以前の秩父派の藩政改革には見られなかったもので、重豪＝調所という一和の関係から生まれた。それだからこそ重豪への強い反感が、調所にはけ口を求め、彼を悪者にしたてたと考えられる。

〝類は類を以て集まる〟というが、調所が右腕と頼んだのは、大坂の町人浜村孫兵衛であり、左腕と頼んだのは、海老原清凞のような実務家であった。海老原は、その「海老原清凞履歴概略」を見れば、荻生徂徠《おぎゅうそらい》や太宰春台《だざいしゅんだい》など（この学派は厳禁であった）の尊奉者で、徳川時代の有名な経済学者佐藤信淵《のぶひろ》の影響をうけた実学派であり、一面平田宗可の洋学の深い信奉者であった。

一方の極において、久保七兵衛の「薩陽士風伝」のような尚古惇樸《とんぼく》（誠があり、飾気のないさま）主義があるかと思うと、一方の極においては、海老原清凞のような進歩派があって対立した。同じ薩摩武士団といっても、上士・下士の対立のほかに、城下士対郷士の対立と思想・経済上の対立が、重豪の開化進歩主義以来、巻き起こっていた。

3　兵児気質と笑左衛門の素顔

薩摩武士の勇武と偏狭

それでは薩摩の古風とは、どんなものであったか。文化九年（一八一二年）、白尾国柱《しらおくにはしら》（「神代山陵志《しんだいさんりょうし》」や「成形図説《せいけいずせつ》」の著者）が、薩摩藩の風俗・奇聞を書きとめた本に、「倭文麻環《しずのおだまき》」がある。早くから人々に愛読されていた本だが、その巻之四の、「風俗一新総是《すべてこれ》君恩」は、実に面白く兵児気質《へこかたぎ》を描写しているから、少し引用してみよう。

「臣等（朝鮮の役の留守をあずかった老臣たち）留守の重任を承りながら、かくて風俗惰弱に流れなば、是皆臣等の罪なり。風俗を維持するは、躬《みずか》ら先んじ白導《みちびく》にしくはなしとて、襦袴《いしょうはかま》は脛《すね》半切《はんきり》に裁《たちきり》て、専ら質朴の風貌《なりふり》をいたし、律儀《りつぎ》慇懃を勤めさせ、第一飲食を菲《うすく》し、酒色を戒しめ、若《も》し令《げぢ》を背くものあらば、親疎男女を択《えら》ばず、罪を三族に及ぼすべしと、厳敷《きびし》く申し渡し、昼夜察事卒《めつけやく》を巡《まわ》し警《いましめ》たれば、一人も法を犯す者なし」

「仕家子《さむらいの》ども衆、是を見聞き、本《もと》より早雄人《はやひと》薩男《さつお》の気質なれば、やおれ今国老等が分としてさへ礼譲を守らせ、酒色を禁ず。吾郷党の面々、風俗倘不《もしふ》行迹《ぎょうせき》の聞《きこ》えに逢《あわ》ば、未練怯惟《みれんひきょう》の至りなりと、各我《おのおの》と励みあひ、風俗正しく立ち直り、肄業事《けいこごと》の間暇《ひまひま》には、山坂の達者、海川の水練まで心掛け、朋友同志互に懶惰《ふらち》を諌争《いさめあらそ》ひ、信義を結び、自然と婦人女子《おみなむすめ》を忌嫌《いみきら》は、蛇蝎《へびまむし》を悪《にく》むに似て、道路に美人《おとめ》に逢へば、身不潔の及ばんとするが如く避遠《よけとおざか》りつつ、若又《もしまた》利根を謀《きか》せ、権門勢家に押し近づきて媚諂《こびへつら》ひ、女色を評論し、衣食を吟味せしなどいふものあれば、速《すみやか》に交を絶て郷中《ごじゅう》を放し、専《もっぱら》任俠《おとこだて》を事とし、質素を尚《とうと》び、美服盛膳を以て恥辱とし、鬢髪《びんのけ》も耳の上《ほとり》に剃開《そりさけ》などして、辛苦《たしなみ》ければ、淫乱の悪風自ら変じて、古樸《こぼく》の善俗とぞなりたりける。此等の

兵児の図（倭文麻環より）

俠客青年を世の人目《なづけ》て、兵子《へこ》と呼名《よびな》せしは、此時《このとき》よりして始《はじま》りける」
「扨此《さてこの》兵子《へこ》風一変して、後容気《うわき》狂簡《すねもの》の弊を引出して、或《あるい》は無礼を作《はたら》きて、強矯《つよきもの》と心得違ひ、闘狼怒争《けんかいさかい》をなすを、勇猛と見誤るの悪風に流れぬるは、兵児偏固《へこへんこ》の末流なり」
「或人曰《いわく》、不文を非《そし》るは、村学の偏見なり。民は文字を不識《しらざる》より、善きはなし……。今の部官岡田氏、吾薩藩の農民、一丁字《いっちょうじ》を識らず、邑《むら》に一揆の乱なく、速に上命に走るを聞《きき》て、曰く、誠に結縄《おおむかし》の遺民なり。宜《うべ》なる乎《か》、字を識る、患難の本と、嘆嗟《たんさ》せしとかや」

以上「倭文麻環」に、薩人自らが記しているように、どんなに薩摩武士というものが、熊襲《くまそ》隼人《はやと》以来、日本の辺隅《へんぐう》の風土の中で、質朴勇武を尚《とうと》んで来たか、そしてそれが、病的になった末は、偏狭頑迷の弊に流れてしまったかがよくわかる。要するに、いくら封建の世とはいえ、世間知らずの井の中の蛙がうようよしていたのである。

郷中制度と〝ヒエモントリ〟という競技

このような〝兵児気質《へこかたぎ》〟は、すべて「郷中《ごじゅう》」の団結の中で、錬成されたのである。城下士といっても、大方は、小番《こばん》・新番・御小姓与に属する「平士《ひらざむらい》」であったが、その子弟は、地域ごとに結社して、六つの「郷中」を組織していた。

この郷中制度は、一朝《いっちょう》事あれば、そのまま軍団として転用される。たとえば、薩英戦争のとき、四番組は天保山の台場を受け持ち、六番組は祇園洲《ぎおんのす》台場を受け持つ、そして、その組頭が、物主《ものぬし》（戦闘の長）となって指揮する。また維新戦争に出兵するときも、今度は三番組が出るとか、次は二番組が出るとかいったあんばいであった。

郷中は、このような重要な任務をもっているから、その訓育もなかなかに厳格をきわめ、およそ薩摩藩士にして、郷中教育を離れて、その人格形成を云々することはできぬくらいであった。「曾我殿《そがどん》の傘焼《かさやき》」や、「赤城《せきじょう》義臣伝の輪読《りんどく》会」では、忠孝の士風を鼓吹し、また関ヶ原の敗戦の記念日には、義弘菩提寺《ぼだいじ》の伊集院郷妙円寺まで、長途鎧兜の軍装で行軍して、士気の昂揚につとめた。これらの行事は、〝三大行事〟として、今もなお行なわれている。そのほか、それぞれの時や場所を選んで、機会あるごとに、忠孝尚武の錬成に力をつくしたものである。

青少年の中の年長者が統率して、仲間同士で、不断に〝士魂〟〝士道〟の詮議を重ね、いやしくも軟弱不行跡の風聞あるものは、徹底的に吟味して、はなはだしい場合は、郷中を追放することもあった。この「郷中放し」は、共同絶交であるから、今の時世と違って昔のことだから、死にもまさる苦しみであった。

郷中は、青少年の自治会に似ているようだけれども、必ずしもそうでなく、その周囲には、その父兄（同時に、先輩にもなる）が、郷中の組織を支えていた。そのうえ、組頭は御小姓与番《ばん》頭《がしら》であったから、いわば、公設の青少年社会学級兼軍団であった。

このような郷中組織で育ちゆく青春はいかにも勇壮で、郷中間の激しい競争意識を燃やして、たがいに励まし合ったものだ。同じ城下武士同士でも、郷中が違うと、つきあいはしなかったもので、かえってにらみ合いすらもあった。いったん他の郷中の少年と喧嘩でも起こると、みんながはやりたって大変な騒ぎになった。

ところで、兵児の意気地を如実に示すものに、青年武士の間ではやった〝ヒエモントリ〟というグロテスクな〝行事〟がある。これは、死罪人の生き肝を奪い取る競技である。豪胆勇武を試すには、もってこいであった。したがって、「今日は死罪が行なわれるぞ」となると、城外谷山《たにやま》郷の坂瀬戸《さかせど》には、一騎当千の強者どもが、今や遅しと、手ぐすね引いて待ち構えていた。その争奪戦たるや、まことに勇壮のきわみで、戦闘さながらであったという。

若き日の桐野利秋（中村半次郎）などは、〝ヒエモントリ〟の勇者として、城下の郷中に、その勇名をうたわれていたそうだ。この桐野利秋は、のちの陸軍少将、私学校の実力者として、維新戦争から西南戦争にかけて、驍勇《ぎょうゆう》の名をはせた人物であった。その颯爽たる英気・胆略には、早くから人々が深く服していたらしい。しかし家が貧しく、城外吉野《よしの》村で農耕の中に明け暮れる青年時代を送った。ために、学問はなかったということである。外国との交際を禁じた鎖国日本の片隅に位置する薩摩藩の、文学軽視の風潮の中で育つ青春が免れえない長所と短所を、一代の英傑桐野利秋に、集中的に見る思いがする。

笑左衛門の青少年時代

さて、若き日の調所笑左衛門すなわち友治少年も、こうした郷中制度の中に青春を過ごした。すでに述べたように、それがどの郷中でどのようなものであったかをつぶさに知ることはできないが、生家の川崎家も養家の調所家も、城下武士としては最下級の御小姓与であったことからすれば、一般貧乏武士の子弟と変わろうはずはなかった。

当時、城下士族の数は、おおよそ五千戸、そのうち三、四百戸は貧困で、生活にも苦労した貧窮士族であった。ある者は、夜は一枚の煎餅蒲団に家族中足をつっこみ合って寝、昼は傘の骨けずり、櫛つくり、何でもござれの家内工業の下請けをやって暮らした。ある者は、城外の村方にひっこんで、唐芋ばかり食って、百姓仕事で生計を立てた。西郷や桐野の家もほぼこの組であったが、とりわけ西郷や大久保らが尊敬していた有馬一郎の父などの貧窮ぶりなどは、徹底していたようだ。

「十八歳の正月に、前髪取りを御免になってから、荒田《あらた》村のうち、野目に、三枚敷の小屋を作り、親類中から少しの助力も受けずに、一人で暮らし、寒中にも袷《あわせ》をつけず（原文には、袷の字を消して、無衣にてと書いてある）、冬は百姓どもへ加勢して、唐芋のむしり屑をもらい、春秋は山海の物どもにて、身命をつなぎ、それから下新町《しもしんまち》へ引き移り、町の者どもの哀れみをもって、口すぎをしてきた」と、自ら書き遺している。

当時は、男子が十四、五歳に達すると、二男三男でも、何かの勤めにつけて、禄米を与える制度があった。それで、男の子だけの家は、なんとか所帯もくつろげたが、女の子の多い家は、ずいぶん困っていたそうだ。このようなわけで、隆盛の弟の従道侯爵も、大山県令も、樺山《かばやま》元帥も、海江田《かいえだ》子爵も、みんな少年時代には、この給米四石が欲しさに、ツンツルテンの青坊主になっている。

かくて、調所も家が貧しく、茶道となって落髪しなければ、食べてゆけなかった。友治少年が茶坊主になるとき、その姉は、小さい弟がいよいよ落髪するのを不愍《ふびん》がり、とても嫌がったということである。この姉は、おそらく生家の川崎家の方だろうと思われるが、骨肉の情愛をもってしても、どうしようもなかったわけである。

青年時代の調所についても、残念ながら、二つの話しか伝わっていない。それはいずれも、海老原清凞の伝聞である。

調所は、近所の老母に頼まれて、その子に送る手紙を書いてやっていたが、彼に頼めば、思っている以上に行き届いたものになるといわれた。調所はつねづね「手紙は、ふつうの会話とはちがって、ききかえすことができないものだから、意味がとりちがえられないように、くわしく書かねばならない。どれだけ重複があってもかまわないが、落字は嫌だ」と語っていた。

調所が、このように人の心をくんで注意するのは、生まれつきの性質だと、海老原はいっている。

また調所青年は、任俠の気風もあって、自分でも角力《すもう》をとり、ものにこだわらないタイプの青年であった。一体に、薩摩人ほど角力の好きな御国柄も珍しいくらいで、伝統的に多くの名力士を出している。封建時代の日記類を見てみても、きまって角力の記事が、都鄙《とひ》いずれを問わず出てくる。たがいに他の郷中と競い合って、その稽古は郷中の主要課目のようなものだった。

西郷隆盛が角力の上手で、大島遠島中も、しょっちゅう角力を島人ととっては、喜んでいたという話は有名である。調所青年もまた、大変な角力好きであった。角力巧者の多い青年武士の間でも、城下中に響きわたるほどの〝とりて〟であったと、伝えられている。彼の肖像を見るとき、若いときに鍛錬しぬいた者のみに見られる、シャンとした強さが感じられる。角力は上手、人間は淡泊でものにこだわらない、そのうえ男気が強いというのでは、「郷中」の仲間の好青年であったろうと察せられる。

第二章

重豪と斉宣の時代

1　重豪登場で一変した薩摩の士風

英邁進取な「蘭癖」藩主、重豪

薩摩藩に行なわれた硬教育は、封建社会の担い手としての青少年を育成する上においては、まことに理にかなったやり方であった。しかし反面において、奇矯をてらい理を軽んずる蛮風も生じ、ことに井の中の蛙的な、頑愚さを生ずるもととなった。それは戦国の世ならばともかく、明和・安永（一七六四―八〇年）の頃ともなると、はなはだしく世運に背を向けることになる。ちょうどその時運に、英邁進取的な重豪《しげひで》が、島津家第二十五代の当主となったから、さすがの薩摩士風も一変した。

徳富蘇峰は、重豪を評して、「秦皇・漢武（秦の始皇帝・漢の武帝）の型であった。日本でいへば、恐らくは彼の始祖と称する頼朝よりも、却《かえ》って清盛入道に類似した点もあった。それは傍若無人に、自個の意志を励行し、強行する点に於て。而《しか》して英邁にして、進取の気象に富み、所謂《いわゆる》月並的の縄墨《じょうぼく》（規範）を逸脱する点に於て」といっているが、面白いたとえようである。父重年《しげとし》が二十七歳で死ぬや、宝暦五年（一七五五年）、十一歳の若さで家を継ぎ、天明七年（一七八七年）、四十三歳で隠居した。しかし隠居後も、元気ますます旺盛に、天保四年（一八三三年）正月、八十九歳で往生するまで、約八十年もの長きにわたって薩摩藩の政治を思うままに左右した。彼が一生を傍若無人に振る舞い通したのは、その生来の英邁に加うるに、七十七万石の雄藩主の地位と、十一代将軍家斉《いえなり》の舅（二女茂姫は家斉の御台所）としての後光が、ものをいったからである。

重豪は、きわめて積極進取的な性格で、開国主義の急先鋒であった。このハイカラな殿様は、明和八年（一七七一年）、二十七歳のときのこと、「薩摩藩は、長崎の外交事件に関係があるから、かねて長崎の実地を見ておきたい」と願い出て、はるばる帰国の途次長崎に立ち寄っている。当時としては、公命を帯びずして外様大名が長崎に立ち寄るなどということは、全く異例であった。いうまでもなく鎖国下の日本においては、長崎が唯一の海外交渉の門戸であり、ここに遊ぶことは、海外留学のようなものであった。重豪は、七月十六日から二十日間滞在し、唐船・出島・オランダ船をつぶさに見学して、八月九日長崎を出帆し帰国した。

このような人物だから、歴代のオランダ商館長とは深い懇親を結んだ。重豪と、彼の子で中津藩を相続した奥平昌高《おくだいらまさたか》が、どんなに蘭人ヅーフと親しかったか、また有名なシーボルトを大森まで出迎えて、いかに熱心に学んだかということは、ヅーフやシーボルトの自ら記すところとなっている。

彼の飽くなき新知識はついに、「鳥名便覧《ちょうめいびんらん》」（四百十五種類の衆鳥《しゅうちょう》の和漢洋名の解説書。文政十三年）

や、「成形図説《せいけいずせつ》」（百巻、うち四十巻だけ印行され、他は文化三年に焼失したが、土屋喬雄再刊の序文は、日本で最も秀れた農学書だと、激賞している。寛政五年にいちおう出来上がったらしいが、曾槃《そはん》・白尾国柱が、和漢洋名の解説に当たっている）、また「南山俗語考《なんざんぞくごこう》」（重豪二十三歳の年、明和四年に著す。南山は、彼の若いときの号）などの編纂となって現れた。自ら華音（中国語）をよくし、侍臣とも華音で談話したそうである。また一面では、蘭学や本草学の探究に熱心だったというのだから、いわば日本中で一番ハイカラな殿様だったわけである。

重豪の蘭癖は、これにとどまらなかった。寛政四年（一七九二年）には、高輪《たかなわ》に蓬山館なる別邸を営み、西洋風の家屋・庭園をつくって生活するにいたった。しかし彼の本心は、積極的な、新知識による利用厚生（人民の生活を豊かにすること）にあったことはいうまでもない。それは「成形図説」の序文に、「公の尊慮は、印本となし、封内へ分布して、農事を勧め、品物を弁《わきま》へ、薬品功用を知らしめ、其の中、民の利益を知るを要となさしむ。これまた民を憫むの一端、独り民を憫むのみならず、国本の一策なり」と記してあることによっても察せられる。

彼は享和元年（一八〇一年）曾槃《そはん》に命じて、大崎村の別荘に薬草数百本を植えさせて薬園をつくったし、また安永八年（一七七九年）に、城外吉野村に薬園を設けたり、天明元年（一七八一年）に、江戸の本草学者佐藤中陵《ちゅうりょう》を呼んで領内で採薬せしめたりした。また寛政の頃（元年＝一七八九年）から緬羊の飼育と毛織を研究し、文政二年（一八一九年）からその事業を始めた。おそらくは産業開発の素志の現れであったろう。このほかにも明和八年（一七七一年）に、本草学者村田元雄に、琉球諸島の産物千余種を贈って研究させ、「琉球産物誌十五巻」をつくらせている。

彼が、どんなに洋学の研究や、本草学の研究に熱心であったか、幕末日本開化の父シーボルトが、その「東上日記」（文政九年＝一八二六年）に、次のように述べている。

「四月十日　大森村には、薩摩侯（島津重豪）と、中津侯（奥平昌高）とが江戸から来て、従来彼等の身分、其他の事情により得られなかった予等《よら》を識る機会を見出すため、待ち受けてゐた。この高貴な和蘭人の保護者は、使節が通常休憩した旅館に居て、予等は暫《しばら》く前室で待った後、接見の栄を得た。両侯は若き薩摩の公子（斉彬）と共に、非常なる親切を以て予等に接し、予等が日本風に敬礼をした後、其間に室内に運ばれた腰掛に坐らせた」

「最も多く話したのは、八十四歳（満年齢は八十二歳）の老人薩摩侯で、覚官（目・耳・鼻など）は完全に用をなし、強健な体格を持ってゐたので、精々六十五歳と見えた。話の間に、彼は時々蘭語を用ひ、又その目に著《つ》いた品物の名を尋ねた。使節との談話が終って、予の方を向き、名を呼んで、彼は動物、及び天然産物の大なる友で、四足獣及び鳥の剝製法と、昆虫の保存法を習ひたいといった。予は喜んで之に応ずると答へた。

彼は次に、最近丹毒《たんどく》に罹《かか》った右の手を見せた。また開いた所には、丹鉛軟膏《たんえんなんこう》が塗ってあったが、予は其席に居た侍医の感情を害せぬ様に、同膏の役にたたぬことを説明し、必要な薬剤を認《したた》め、最初の機会に、之を贈る約束をした。

予がこの親しみある老人の前に、日本風に坐ってゐた時、中津侯は、予が手を取って、明瞭

島津重豪

に次の蘭語を述べた……」

「四月十五日　夕、中津及び薩摩の領主の盛儀を整へた来訪。美麗なる賜物を受領した。両侯等は、夕の大部分を予等の許にて過し、音楽、唱歌、書籍、器械等を楽しんだ。老侯（重豪）は、予が博物、及び医学の門生中に、彼を加へんことを望み、最も危険なる日本の病気に対する治療法に及び、医学の門生中に彼を加へんことを求めた。彼は一羽の鳥を持参したが、予は望《のぞみ》に依り、直に之を剝製にした。老侯は、大に喜んだ。予は両侯に立派な贈物をなし、彼等は感謝して之を受けた。老侯はそこで、曾て皇帝（将軍）から賜はりし自用の扇を予に呉《く》れた。……此《この》一団は、日本の愛すべき家庭で、国民中、此階級の最も善い所を、我等に示した。礼儀正しく威厳あり、親切淡泊で、少しも誇る様子なき教養は、白髪の強健な老侯にも、子女にも認められ、最も教養ある欧州人の、尊敬すべき性格を備へてゐた」

重豪による数々の施策と傾く藩財政

重豪はまた、右に述べたような聡明さのほかに、大変な元気者であった。「甲子夜話《かっしやわ》」に、「松平栄翁（名重豪）、人となり、豪気あり。一日ある席にて、越侯と相会し、何か興に乗じて、栄翁いふは、若今《もし》一戦に及ばん時あらば、我軍卒を率ゐ、一方を指揮せば、人に後《おくれ》は見せじと、威猛だかになっていはれければ、越侯 甚《はなはだ》 恐怖して、潜《ひそか》に余に向ひ、彼人は重て相会する人に非ずと言《いい》ける。座客指《さし》て、越侯の怯懦を笑しとなり」と、述べている。

とにかく、長崎にでかけたり、シーボルトと会ったり、また後年、八十四歳の老人になってから、江戸と国元との間を往復して、自ら藩政改革を指揮しようとした意気込みといい、英気当たるべからざる元気な老人であったらしい。この元気が、わがままと、聡明さと一緒になって、やがて一大風雲を天下に巻き起こすのである。それについては、折にふれて述べることにしよう。

このような、豪気にして聡明な重豪の治世というのが、あたかも幕政においては、田沼意《おき》次《つぐ》・意知《おきとも》父子の、積極政策時代に当たっていた。周知のように、田沼時代は、蘭学の勃興、海外貿易の利用など、あらゆる方面に、新政の手を伸ばそうとしたハイカラ時代である。重豪はまさに蛟竜《こうりょう》が雲を得たような勢いで、藩政の一新に乗り出した。それは改革というにはあまりに激しく、嵐のごとき革命であった。薩摩藩の施設が、古朴《こぼく》を脱して、大いに整ったのは、重豪時代である。

まず安永二年（一七七三年）には、藩内の子弟に儒学を授ける藩学造士館（旧第七高等学校造士館の前身）、射騎鎗剣の練習所として演武館を創立し、釈奠《せきてん》（儒教の祖、孔子の祭り）を行ない、学規を定め、銀二百四十貫目を基金として献納した。ついで翌三年には、医学院を創設し、医道の研究を命じた。安永八年には明時館を設け、簡天儀、測午表、望遠鏡等を備え、水間良実（もと郡山郷士であったのを抜擢）に係りを命じ、有名な「薩摩暦」を発行せしめた。その他の施設も数えきれないほどである。

これらの施策には大変な費用を要し、藩財政を困難に陥れたことは、いうまでもない。しかも重豪は、それを押し切って施設したのである。その尻ぬぐいの財政改革に奔走した海老原清凞ですらも、「重豪公ノ封ヲ襲《つ》ガルルニ及ンデ、固《もと》ヨリ英明大略ノ君ナレバ、夙《つと》ニ国政ヲ変革シテ、諸侯ニ雄視スルノ志望ヲ抱カレ、事業ヲ興起セラレタルモ、一ニシテ足ラズ」「壮麗広大、美ヲ極メ善ヲ尽シタリ」と、驚きはてているほどだ。

驚天動地の〝風俗矯正〟

重豪の施策は、単に右のような施設にとどまらなかった。薩摩の士人にとっては、まさに驚天動地の〝風俗矯正〟を始めたのである。

さしあたり、薩摩藩鎖国の禁を解いて、他国との交通を自由にし、薩摩人に外気を当てようとした。他に接すれば、少しは物わかりがよくなろうとの底意である。なにしろ以前に高山彦九郎が来訪して、出水の関所で追い返された有名な事件もあったくらいのかたい国だ。彦九郎もほとほと呆れて、「薩摩人いかにやいかに刈萱《かるかや》の関もとざさぬ御世と知らずや」と、関守を諷したということである。のみならず、上方から芸妓・娼妓を呼びよせて、柳町などという色町をこしらえ、その方の掛りを置いて、「繁栄方《はんえいほう》」と呼んだ。また薩摩の方言を矯正し、粗野な容貌・行為を厳に戒めるとともに、士人の子弟たるもの学問・技芸にはげむべしと令した。

ところが、易《やす》きにつくは人情の常、あまり武骨偏狭の治療が利きすぎて、一時に花柳大繁昌、道楽大流行の新天地となってしまった。士族の間に遊惰柔弱の弊風が生じ、これが音に聞く薩摩兵児かと、心ある人々を憤激せしめた。久保七兵衛の「薩陽士風伝」は、その憤激のあまりに生まれたものだし、徳田邕興《ゆうこう》は「合伝《ごうでん》流兵学」を唱えて、兵学の方面から古風を鼓吹した。勢いの余るところ、ついに重象の新風を排撃したので、二人とも遠島の刑に処せられた。

頼山陽は鹿児島に遊び、薩摩風俗の激変を次の二つの詩に表現した。

前《ぜん》兵《へ》児謡《このうた》

衣至レ骭袖至レ腕《ころもはかんにいたりそでわんにいたる》
腰間秋水鉄可レ断《ようかんのしゅうすいてつたつべし》
人触斬レ人馬触斬レ馬《ひとふるればひとをきりうまふるればうまをきる》
十八結レ交健児社《じゅうはちまじわりをむすぶけんじのしゃ》
北客能来何以酬《ほっきゃくよくきたらばなにをもってかむくいん》
弾丸硝薬是膳羞《だんがんしょうやくこれぜんしゅう》
客猶不二属饜一《きゃくなおしょくえんせずんば》
好以二宝刀一加二渠頭一《よしみするにほうとうをもってかれがこうべにくわえん》

後《ご》兵《へ》児謡《このうた》

蕉衫如レ雪不レ受レ塵《しょうさんゆきのごとくちりをうけず》
長袖緩帯学二都人一《ちょうしゅうかんたいとじんをまなぶ》
怪来健児語言好《あやしみきたるけんじごげんのよきを》
一操二南音一官長嗔《ひとたびなんおんをあやつればかんちょういかる》

蜂黄落蝶粉褪《ほうこうおちちょうふんあせ》
倡優巧鉄剣鈍《しょうゆうたくみにてっけんにぶし》
以レ馬換レ妾髀生レ肉《うまをもってしょうにかえひにくをしょうず》
眉斧解剖壮士腹《びふかいぼうせんそうしのはら》

重豪の真意は、必ずしもこのような堕落にはなかったであろうが、これも時世の勢いというものであったろう。山陽が、菅茶山《かんさざん》に向かって、「驚き入り候は、薩摩の紛華に御座候。其の謀国の拙、笑うべき事のみに御座候」と書いてやれば、茶山は茶山で、その著「筆のすさび」に、「山陽なども、薩摩は純乎たる古風の田舎なりとのみ思ひ込みしに、意外にも鹿児島城下に、芝居も常にあり、上方問屋といふ家も五六あり、上方の歌妓百人許《ばか》りも分れ宿して、日夜技を売り、士の家にも往来し、士人に対しては、容貌・薩語仕附《しつけ》などいふ役人ありて、専ら上国風（都会風）の輸入に汲々たるを見て、一驚したるものの如し」と書いている。

とにかく驚天動地の新風改革であったことは事実である。またこの華美が、財政に及ぼした影響の大きかったことはいうまでもない。この点については、反対派は筆をそろえて非難するが、海老原すらも、率直に認めて、「重豪公の時ほど御親戚、御兄弟の多かったことはない。数十人の令息令嬢は、あるいは諸侯の家を継ぎ、あるいは各藩に婚嫁することがない年はなかったし、そのうえ江戸の高輪邸・芝邸は数度の火災に罹り、また藩内の神社仏閣の造営再建修繕等、金のかかることは枚挙にいとまがなかった」と述べている。

2 「近思録派」による復古政策

重豪の子、斉宣を支えた近思録派の英俊たち

天明七年（一七八七年）、重豪の子の斉宣《なりのぶ》が十五歳で、薩摩藩主となった。しかし重豪は、〝政務介助〟という名目で、依然として藩政の実権を握っていた。

すでに斉宣の時代になると、前代の放漫の祟りをうけて、財政が極端に逼迫してきた。加うるに多年の苛政によって、民に生色なく、百姓の離散するものが多かった。郡奉行久保平内左衛門の「諸郷栄労調」や、高山郷士年寄伊東嘉太郎の「感傷雑記」は、この間の民衆の疾苦をつぶさに説明し、激しく弊政を非難している。藩内の農民が、どんなに生きる甲斐を失ったか、また奄美の島民が、どんなに〝砂糖地獄〟のために苦しんだか。もう搾るにも搾れないところ

までていたのである。まして浮華放縦の淫風が流行するにおいておやである。かくて斉宣の代には、どうしても物心両面からの大改革を必要とした。

斉宣は、「亀鶴問答」を著して、近臣を教戒した。現在鹿児島市磯《いそ》の集成館《しゅうせいかん》に自筆本が陳列されているが、方々の士族の家にも見かけられるから、よほど愛読されたものらしい。その内容は、忠孝文武を諭し、節倹仁慈を説いている。斉宣の心の在り所をうかがうことができる。

このような志の藩主斉宣の下に集まった人たちが、樺山主税《ちから》（初め権左衛門）・秩父伊賀季保《すえやす》（初め太郎）・清水源左衛門盛之・隈元平太・同軍六など、木藤武清《きとうたけきよ》門下の英俊であった。いずれも清廉剛直をもって、時の人に慕われる人たちであったが、反面、大変激しい気質の人たちでもあった。

まず樺山についていえば、彼は私領藺牟田《いむた》の領主で、身分の高い人であった。反対派の山本伝蔵が、

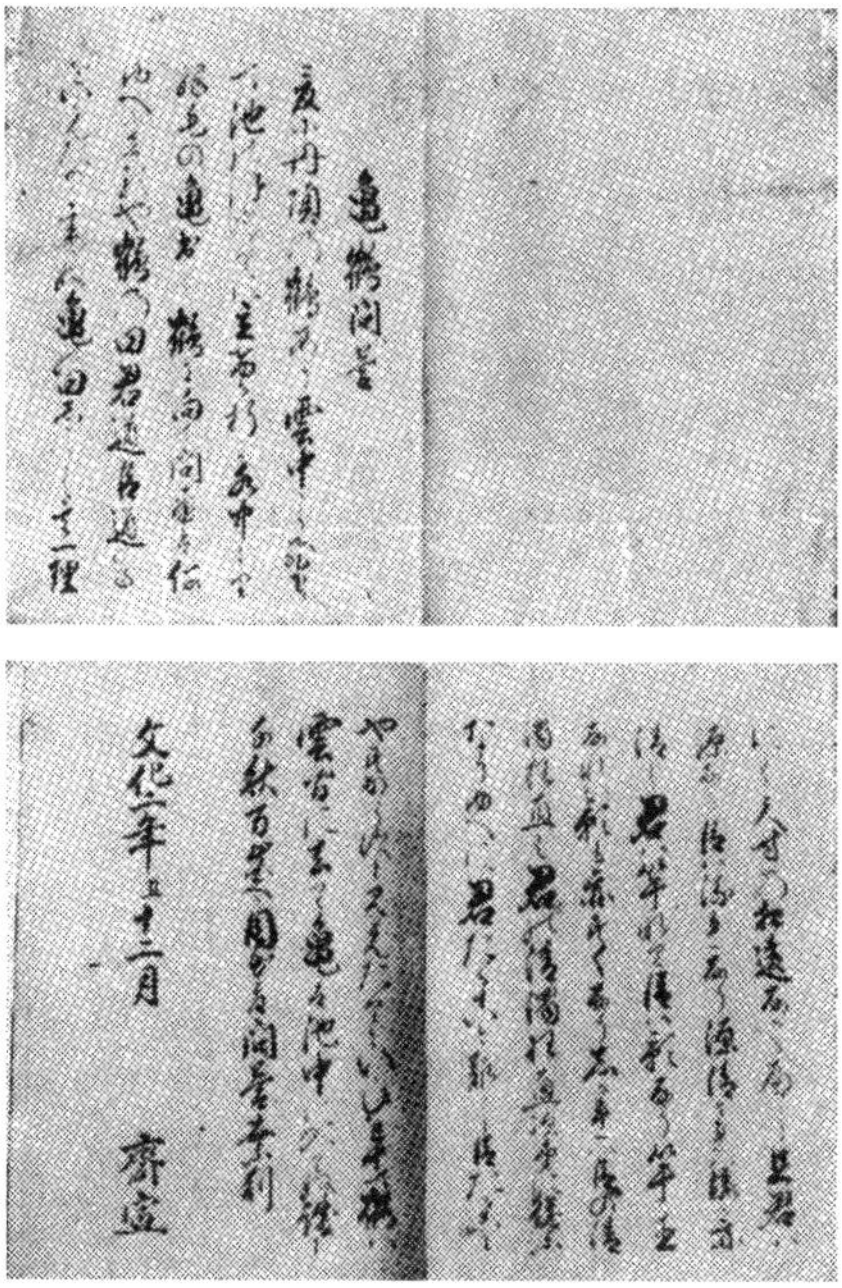

「亀鶴問答」冒頭（上）と末尾（下）

「文化朋党録」の中で、「樺山は大志をいだき、道徳に親しみ、質実剛健をモットーとした。故に多少温和さは欠いていたが、先生とか長者といわれるような有徳の士は、樺山との交際をいやがらなかった。久保之兄《ゆきえ》（平内左衛門と称す。学を好みて識量あり。無役より起《おこ》って屋久島奉行となり、郡奉行となる。「諸郷栄労調」の筆者。重豪の苛政を非難して種子島の花里《りり》に流さる）等は常に樺山の人物をほめて将来きっと偉い人間になるだろうといっていた。こういう次第で早くから樺山の評判は高かった」と記しているほどだから、よほど立派な人物だったらしい。

また小牧昌業《まさなり》は、重野安繹《しげのやすつぐ》（薩摩藩士、東京大学教授、史学会創設者）と共著の「薩藩史談集」の中に、「此の樺山と言う人の学問は、山崎派のもちと激しいと言う方で、書物と言うものは、己れを修め人を治める為のものであって、何も博覧するに及ばぬと言うようなことで、近思録を頻《しき》りに研究する学問でありました」と、その思想傾向を評している。

秩父になると、もっと激烈だ。「秩父は剛直で意地の強い人物だ。上下の差別なく峻厳に法規を励行して寸毫《すんごう》も仮借しなかった。あるとき家老から御日附と郡奉行を諸郷に派遣して民の貧富を視察させよとの命令があった。皆謹んで拝命したが、ひとり秩父だけが不承知で、領内に貧民はいるが富める民は一人もない、わざわざ視察の必要はないと突っぱねた。大目附新納《にいろ》久命《ひさのり》が怒って、わしは家老の命令でお前に下知するのだが命令に背くつもりかと叱った。すると秩父が、私は背命のつもりはないが御目附という職分を奉じているからには自分の見聞を言上するのが義務だと考えて申し上げたまでのことだと言う。これには新納もグーの音も出ない。

見かねて新納の同僚島津久兼が、秩父、お前は郡奉行でもないのになんで民の貧富がわかろうかとなじると、秩父は言葉も激しく、今まさに苛政が大いに行なわれ民がつかれきっていることは五尺の童子すらも知っている、わざわざ郡奉行の調べを待つまでもないとやり返した。久兼らも激怒したもののみな事実だから言葉につまった。

秩父が退席したあと新納は秩父の同僚本田助之丞を呼んで、秩父の言動は不遜だから罪を待つようにお前からさとせと命じた。本田がその由を秩父に告げると、秩父は自分は懲罰をうける理由がないと怒った。親友の清水盛之に相談すると、お前の言動は御目附としては当然のこと、懲罰に服する必要はないと励ましたのでとうとう新納に楯をつきとおした。

やむなく新納も家老の山田有儀《ありのり》に実情を上申したところ、かねて山田も秩父の剛直を憎んでいたから、上を侮り法を無視する者として免職・閉塞を命じた。この時秩父は二十九歳、家が貧乏なので余分の貯蓄とてなく、兄弟からもその頑固さを恨まれた。だがそんな事に参るような男ではない。それから閉居すること五年、屋敷内に数反の畑があったので朝夕肥《こえ》タゴをかついで農耕にはげみ、その収穫を売って生計をたてた。国中の人たちは彼の抗議をたたえ、その貧苦に同情した」

これは反対派の山本伝蔵の記述だが、全く痛快りんりという硬骨漢であった。しかしその元の身分は御小姓与という軽輩で、斉宣の代になってその主義や才幹をもって、平士から御用人、大目附と進み、たちまちの間に家老に抜擢をうけた人である。

清水盛之もまた清貧に甘んずる硬骨有能の士で、秩父とともに免職逼塞の処分にあっていたが、同時に日の目を見ることになった。

隈元平太は軍六の従祖父《おおおじ》で、軍六の父の玄積に養われた。澹泊《たんぱく》誠実で大変学識のある人だった。玄積が盲目で貧乏だったので、平太は常に勤めに出てその俸禄で扶養していた。玄積の死後は幼い遺児軍太を助けて家事を見てやり、少しでも収入があるとことごとく軍太にやって一銭も身につけることをしない。また親戚や知人が妻帯をすすめても、私は本家の子軍太を養育しているから妻子を養う必要はないといって終生独身でとおした。世人は〝独行の善士〟と嘆称した。

あるとき、磯の御茶屋番が汚職でやめた。清廉で身よりのない者を後任に採用しようとしたら八十人も志願者が殺到した。藩の方では特に平太を選んで任用したので磯邸に移り住むことになったが、日夜邸内の監視清掃を怠らなかった。藩侯もよく磯邸に来遊して平太の勤勉を賞して酒を下賜され、人々も彼の人徳を慕い交遊を求める者が多かった。かくてついに御広敷番頭に抜擢された。

近思録派の思想と政策

ところで、これらの人々の師であった木藤武清がどんな人物であったかを知ることは、文化度の改革者たちの思想傾向を理解するためには最も便利のようだ。

「木藤は飾り気のない質朴な人物だが、言語は晦渋、行動もそそっかしい嫌いがある。若い時から世利を厭《いと》い、人とも交らず、ただ本田親孚《ちかたか》（本藩神社誌の著者、薩藩の総祠官）とだけ交遊している。寝食を忘れて学を勉め、漢儒・徂徠を排斥し、程朱《ていしゅ》・鳩巣《きゅうそう》を尊んで、太極図に精通し、通書正蒙近思録に力をいれている。しかしせっかくの研鑽も独学固陋《ころう》のため、杜撰臆見の弊がある。四書五経も未だ通誦したことなく、通鑑や朱子綱目に至っては全然無知だ。常に性命道徳の理を講じ、一本万殊《ばんしゅ》の妙を唱え、君子たる者が己を修め人を治むるについては、そんなものは不要だと考えている。だから古今の治乱・帝王の興廃などまるで御存じない。時々山水に親しみ詩文を作るが、読むにたえぬ拙劣さだ。博聞多識の有力者たちは皆あざ笑っている。ところが樺山・秩父・清水・森山など寡聞浅見の輩は、彼を周子の再来だと買いかぶり、日夜その門に会集して太極図説を討論し、わが道はこれをもって足るとなし、藩侯に推薦して道徳の先生にした。そこで造士館書役から御広敷番頭に抜擢された。時に四十四歳、家は上之園《うえのその》方限で御小姓与の無禄士である」

この人物評は木藤と対立した山本伝蔵の評だから、大分割り引きして考えねばなるまい。山本は諱《いみな》を正誼《まさよし》、当時造士館の教授を勤め、「島津国史」や「文化朋党録」の著者として、薩藩では令名の高い碩学《せきがく》である。彼はかねがね近思録派の過激な言動を安からぬことに思って「斥《せき》非論《ひろん》」を草し、ひそかに上覧に供するつもりで清書しつつあった。しかるに誰が告げ口したものか上聞に達し、呈出《ていしゅつ》を命ぜられたので、「学術」という題目をつけて奉呈したところ、「教役の儀は諸生教育を専として他事に差し構ふべからざるの処、猥《みだり》に書を著し政治を評論致すの条、奇怪の至りなり。依て著す所の学術、焼き捨て仰せ付けらるるの間、草案等これ有るに於いては、黐故《ほご》類迄も残らず差し出すべく、重ねて政治に預らする儀、一切書き申す間敷き旨仰せ出さる」と、大変なお叱りをうけた。

近思録派は山本の譴責《けんせき》だけに満足せず、同日の午後二時から五時まで造士館助教の橋口権蔵・宮下主左衛門を斉宣の御前に呼び「太極図」を講義させ、秩父・森山・隈元軍六らは、口を揃えて論難した。これ以来橋口らは病いと称して造士館を辞し、やがて山本もクビになった。このような騒ぎを起こして近思録派は藩の教学の府を乗っとり、精神革命の号令を発したのである。

斉宣の時代になって二十年、文化五年（一八〇八年）正月には、近思録派が肩を並べて要職を占めるようになった。

まず同二十六日と二十七日の二回にわたり、「財政困難庶民疲弊の折から、万事倹約節減の方針にする。御鷹場はずいぶん諸郷の農業の妨げになっていたから廃止、また一匁出銀も庶民患いの種だから免除」の布達を出し、さらに二月以降には雨のように新令を下した。痛快とする者、眉をひそめる者、さまざまな波瀾が起こったが、狂歌はこう諷した。

大変を治る程の伊賀（秩父）あらば

主税《ちから》（樺山）をそへて、変なしに小

樺伊賀は上よりは夫《それ》

下よりはばかと読たり、がいと成たり

二月十九日には、大目附以上の通勤は台輪《だいわ》駕籠によったが、今後は歩行・乗馬・駕籠いずれでもよく、供の人数も減らすよう、ただ年頭節句日だけはこれまでの通りと命令した。

同二十日には、釈菜《せきさい》（孔子の祭り）は廃止するから御献納銀の必要はないと令し、また二十二日には、大番頭・道奉行・御鳥見頭・御庭奉行・尾畔《おぐろ》奉行・学校目附並びにこれらの役場の廃止を令した。学校目附のほかはすべて重豪の施設である。

さらに四月五日には、御一門はじめ大身分の上士に対して、「先年からたびたび倹約と風俗の質朴を申し渡してきたのに、いっこうにききめがない。今後は衣食住はもちろん、何事もはでにすることは厳禁だから、めいめいの身分を考えて慎しみぶかくし、質素廉恥の士風にたちかえるようにされたい。たとえ才智が秀れていても、酒宴や放蕩女色に身をもち崩していると いう噂の人もあるが、重臣がこんな不品行では士風が正されず、言語道断だから、きっと品行を改めるように」と叱りつけ、噂の主の加治木領主島津兵庫・隠居飛驒父子には家老の頴娃《えい》信濃を使者につかわして申し渡したので、父子とも大変恐れいった。この噂を聞いた加治木の領民は、まるで大日照りに降雨があったように、ホッとして大喜びしたという。

3　重豪の巻き返し

重豪による近思録派の罷免

勤倹尚武の暴風は、いきつくところ江戸の隠居の身辺にも及ばねばならなかった。なぜならば重豪こそ、彼らのいう「風俗正しからざる」根源であり、また「御所帯方御難渋」の製造元だったからだ。

文化五年（一八〇八年）五月、樺山・秩父の改革派首脳は江戸詰として向かうことになった。重野安鐸は、「財政がひどく困難であって、これは一通りのことでこの財政をどうするというわけに行かない。非常な決意をせんければならぬから、それで斉宣公の参勤を一回二回三回ぐらい猶予してもらい鹿児島の方に御居《おい》でるようにして、それからどうか琉球のほうの支那交易を長崎がある為に制限せられて居る、その制限を少し緩めてもらって三箇国の疲弊を救いたい、こういうことであったようであります。また重豪公の御親任になっておる江戸に居る重役の進退の事を大いに論ずるはずであったと言うことです」と説明している。

ところが重豪の先制攻撃のほうが早かった。江戸において樺山・秩父の罷免を行ない、かつ当時江戸詰だった樺山の親類の物頭《ものがしら》相良典礼・御馬廻本城源四郎、秩父の親類の新番相良市郎左衛門・蔵方目附伊地知新太夫らに即日帰国して命令を伝達するよう厳命した。また同十五日には、国元の家老頴娃《えい》信濃召換の飛脚が発せられた。

〝知らぬが仏〟、樺山は五月二日斉宣の御前で、秩父や頴娃らと餞別《せんべつ》の酒を酌《く》みかわし、一足先に城下を出発し、同六日には国境の出水郷に到着し、同郷の米之津《こめのつ》から出帆の予定で、出水郷士の大歓待をうけつつあった。出水郷は彼の先祖権左衛門が地頭を勤めて以来由縁の深い地で、かつ質実剛健で名高い外城だったから、彼の施策には好感を抱いていたのであろう。

江戸を追い出された相良らが樺山と出会ったのが、ちょうどこのときである。「御役御免、直に私領へ引移り一間《ひとま》の外一切外出させず、家内の者たりとも容易に面談してはならぬ。厳重に宅番をつけておくように」との隠居命令をうけたから、樺山は「不興、言う計《ばか》り無き」憤懣《ふんまん》を発した。そして自分は、「太守様より大切の御用承知致す趣これ有る間、推して罷るべき」旨を主張した。いきりたつ樺山をなだめて典礼は出水にとどまり、源四郎は昼夜兼行で鹿児島へ急行して指図を仰いだ。

急変のしらせをうけた城下では、五月八日の早朝から、秩父が鎌田典膳と同道して登城し、人払いのうえ、斉宣と何事か密議をこらした。秩父はその日、将軍家綱の忌日につき南泉院へ御代参を命ぜられていたから、午前四時、城からそのまま代参に向かい、再度登城して御勝手方へ顔を出して、諸書附を整理して帳箱文箱へ入れ付け、銘々切封を加えたうえ、その中御家老開封書役手掛け無用という自筆の札をつけなどした。かくて午後二時ごろ退出した。

斉宣は、隈元軍六を急使として頴娃の後を追わせ、樺山・秩父の罷免は太守としては不承知だからそのつもりでいるようにと伝達させ、また当の両家老に対しては、「両人とも罷免はしないから、まず当分は自宅に謹慎していよ。謹慎といっても、秩父はいつでも出勤できるよう待機せよ。また樺山は私領へ引越すにおよばぬから城下へ帰宅せよ。本城が出水に行って樺山をつれ帰るように」と申し渡し、父の重豪に対して抵抗を示した。

しかるにその後どうしたわけか斉宣の腰がくだけて、十二日には、「樺山主税・秩父伊賀、太守の思し召しによって、家老役をやめさせ隠居を申し付ける。ただし伊賀は、家格を寄合から下げ、小番を申し付ける」と命じた。これで謹慎中の私領藺牟田《いむた》からせっかく城下へ帰宅しつつあった樺山も、ふたたび向田《むこうだ》（薩摩川内《せんだい》市）から引き返さねばならなかった。樺山もここで再起不能を悟ったわけである。

将軍夫人という権威

一方、江戸へ向かった頴娃信濃の様子はどうだったろうか。頴娃が着府の届をすると、遠国からの旅だから三日間休息をとれとのこと。その後ビクビクの態で御前へ出ると、「お前に酒をやろう」と歓待され、大盃で前後不覚になるくらいいただき、よい気分で旅宿へ帰った。

さて翌日は御用をお聞きになるからとのことで、午前八時に出勤し、樺山・秩父両家老の改革について逐一用意の書付を読んで説明した。重豪は一々読み終るごとに、「尤《もっと》もなり」とうなずくのみで何も言わない。午後四時退出。旅館に帰り、書役や用達らを呼んで、「国元から上申のため持参した書付を残らずお耳に入れたところ、重豪公は上機嫌だった。今日は誠に安心したよ」とホクホクの態だった。

ところが翌日、またまた御用につき出頭せよとのことだから参殿すると、突然に大きな雷が落ちてきた。「□□□（家斉夫人）様へ対し奉り不届の取扱い、且つ拙者へ対し候ても不都合のいたし方、不忠不孝を進むる逆意者共、精《くわ》しく相糺《ただ》し申し上ぐべし」と、もっての外の烈怒の顔色であったから、顕娃は一言の申しわけもなくただ恐れ入って退参。旅館の玄関から、「酒のカンをつけよ」と高声におめき帰り、ヤケ酒をあおりながらふさぎこんでしまった。

このとき重豪は六十四、斉宣は三十六。月並みの老人なら耄碌《もうろく》している年輩だ。まして斉宣が当主で、重豪は隠居し、この時分には〝政務介助〟の名義すらも返上しているのだから、表向き政治には干与《かんよ》できぬ立場にある。その隠居が随意に、藩主の意見を聞くことなしに、藩の執政を罷免し処罰するなどということは、越権専恣《せんし》の行ないである。

有馬一郎の「覚」には、「樺山・秩父が家老になって以来、行なった改正については、どういうわけでこうこうしたと、その時々に重豪公に御報告を欠かさなかったが、一切何の御返答もなかったそうである」と記している。この記事から察すると、重豪は一切ノーコメントの態度をとってきたらしい。いままた顥娃の陳弁に対しても、「一々尤もなり」とうなずくのみで、正面から反撃に出ていない。それをうかつにもイエスと合点したのは、何といっても近思録派の誤算であった。たとえ道理であっても、自己の施策を根こそぎひっくり返されて引っこむようなやわい隠居ではない。腸の煮えくり返るような激怒を、全く予想もしない角度から爆発させた。

「将軍夫人への不敬不忠の取扱い」という高飛車な封建論理である。これには何人も抵抗することができない。察するに老獪なる重豪は、自分の二女の将軍夫人茂子とも、あらかじめ充分な連絡をとっておいたに違いない。将軍夫人としても、父への愛ももちろんながら、今にお里の方の倹約の風が自分の足元に吹いてきたら、はで好きな家斉将軍や大奥の者に対してずいぶん肩身の狭い思いをしなければならぬという心配が大きかったに相違ない。

すでに天明八年（一七八八年）には、たとい内意であったにせよ、あるいは重豪の高等政策であったにせよ、いずれにせよ二十万両という大金を家斉将軍に献納している。その後も苦しいやりくりをしながら、仕送りを続けてきた。その金額はおびただしいもので、それゆえにこそ樺山らも自ら江戸詰を買って出てメスを入れようと考えたのだ。

早晩起こるべき衝突であったが、将軍夫人の権威という封建社会の論理の前には、藩主の権威も、改革の道理もあえなく敗れ去った。

第三章

財政を立て直した蛮勇

1　調所笑左衛門の登場

江戸詰での御茶道生活

薩摩が新旧に揺れ動く時代にあって、調所笑左衛門はどうしていたか。彼が古風の青年であったか、あるいは柔弱の徒であったか、はっきりはわからない。ただ、城下中でもきこえた角力の名手で、お国風の任俠の風もあった彼である、まずは蛮カラ組に属していたといえよう。髪を落して茶道になり、いわゆる〝四石取りの真中《まなか》の火事〟（真中すなわち厠《かわや》の火事は焼糞になるということから、絶望的貧困を諷したもの）の勤めをせねばならぬ境遇の者に、なんで華著の風が染まろう。もっぱらお茶道の勤め大事に働き、家庭と狭い郷中教育の中に青春を送ったに違いない。

こんなふうな調所に、寛政九年（一七九七年）十一月十三日、表御用人西恰之助《にしこうのすけ》取次で、来春は江戸詰交代をせよとの命令があった。明けて寛政十年正月、調所は二十三歳の春を迎えた。重豪隠居後、約十年のことである。

正月末の式日にいよいよ、「中急」の旅程で出向の指示があった。そこで同十七日鹿児島城下を出発、翌二月十日、御法の日限通りに、江戸は芝の薩摩屋敷へ到着した。ふつう九州路十日、中国路十五、六日、東海道十二、三日の旅程であるから、まあ貧弱な旅費待遇であった。

到着後早速から勤務していると、御家老座の方へ廻され、三月二十一日、表（藩主）茶道所勤務になった。九月十四日、伊集院隼衛の取次で、村田安雪とともに呼び出され、「御隠居御附　一、奥御茶道　一、御役料米三拾俵　右之通御役被㆓仰付㆒、御役料米被㆓下置㆒候　右御格之通可㆓申渡㆒　午九月　勘解由」と書いた辞令を渡され、隠居重豪附の茶道になった。

当時のもようを彼の日記で拾ってみよう。

「右の通り仰せつけられた。ただちに大書院の末座で御家老さま方のお目にかかった。それから太守様の御休息所で内々にお目通りを許され、つぎに重豪公の高輪御殿へ参上すると、重豪公が、めでたい、念をいれて勤めよと御言葉を下された。それから芝へ帰ると、親類中が集まって祝いをいってくれた。九月十六日　芝から高輪の方へ転勤になり、高輪環江《たまえ》御屋敷三番御長屋へ引き移った。新穂善碩、松山補春が同居人である。九月十八日　初めて宿直をした。九月廿三日　初めて御風呂番をした。九月廿五日　奥平大膳太夫様が来られたので、初めてお目にかかった」

九月二十七日、上意にて笑悦と改名。

「十一月七日　千家裏流の安尾宗虎へ茶の湯入門を伊十院主水御取次で申し付けられた。石州流生花の大沢宗敷へも同様。もっとも入門費は藩で下されるが、華代茶代等は下されないとの

笑左衛門の筆蹟

こと」

「十一月十八日　大沢宗敷方へ行って、入門した。もっとも入門料として金子百疋を藩からいただいたので持参した」

「十一月廿二日　安尾宗虎方へ入門した。金子百疋持参。宗虎老は毛利直次郎様の御家中である」

「十二月十三日　小判金七両　右は御内々で伊集院隼衛殿へ御取次で下されたので、さっそく隼衛殿を通じて御礼申し上げた」

まずは平凡な御茶道生活の出発であった。しかし御役料三十俵の手当てだから、いくら同朋との雑魚ぐらしでも楽な生活ではなかったろう。なぜならば、当時薩摩藩の俵は三斗俵と二斗俵の二通りになっていたが、御役料米は二斗俵であったから、笑悦の給与は玄米六石の年俸となる。国元での四石にくらべると増俸に見えるが、お花代お茶代が自己負担だし、はでな高輪御殿勤めのこととて、とかくに出費もかさんだに違いない。

文化八年（一八一一年）正月十五日、三十六歳で、「御茶道頭　御役料米五拾俵　御役料銀三枚三十二匁」の辞令をもらい、御役がらから家格も新番に昇格したが、依然として無高にとどまっているから、おそらく禄高なぞ買い求める余裕がなかったのであろう。ずいぶんつきあいもよい方だったらしく、次のエピソードが残っている。「壮年ニ至リ大酒モシテ、妻ノ話ニ、夫ノ若イ比《ころ》ハ、胡蝶ノ如ク花ヲ見、酒ヲ好ミ、更ニ家内ノ有無（家計）ヲ心掛ケズ、毎々米銭尽クレバ、親元ヨリ（妻の方か）送リテ朝夕ヲ過セシト。人ニ施ス物、芥ノ如ク……」（海老原談）。思うに江戸詰になってから妻帯し、妻の里方は多少余裕があったのだろうが、一切不明である。

昇進に次ぐ昇進

さて笑悦時代の日記の他の部分を見るに、いく度か江戸と国元の間を往復して、まめに働いているようだ。彼は海老原も評するように、生まれつき行き届いた心づかいの持ち主で、かつまた、職務を怠るとか、不注意とかということが大嫌いなたちであった。しかもまた、学問は大嫌いなほうだったといわれたほどに、重豪の大嫌いな儒学的観念論に近づこうとしなかった。

このような調子だから、重豪の「頗《すこぶ》ル意ニ叶ヒタル」重宝者になった。「お由羅騒動記」の著者加治木常樹は、「性来の捷給敏弁、呼ばれずとも返事する人間、十二分に官豎《かんじゅ》の質を発揮したから、我儘ものの重豪殿の殊寵を得たのは寛政の話、まだ笑悦は二十三歳であった。笑悦の便佞《べんねい》は年と共に進歩する、利口は益々上達する……」というふうに奸物視しているが、これは、重豪の真面目と調所の忠実な人柄を解せぬ感情論である。彼の重豪に対する至誠の態度は、先にみたように重豪の死後といえどもいささかも変わることなく、常にその神霊をいただいて重豪の遺命を果たしたという海老原談話だけでも充分に察せられることだ。

御茶道頭となってから二年半たった文化十年（一八一三年）七月二十一日、御小納戸勤に転進、このとき蓄髪して笑左衛門と改めたが、三十八歳のときであった。ついで文化十二年七月二十一日には、御小納戸頭取御用、御取次見習の兼務を命ぜられた。時に四十歳。この御小納戸頭取というのは大変重要な職務で、御側役《おそばやく》の下に附いてはいるが、その人によっては大いに御用に立つ役目で、調所の場合、御取次見習を兼ねているから、重豪がどんなに彼を重用していたかがわかる。

ここで注意しなければならぬのは、この文化十年から十二年という時期は、近思録派を一掃して、藩政の一切を大御隠居《おおごいんきょ》重豪が裁断していた時期であったことだ。調所は重豪と藩主斉興をつなぐ重要なパイプとして役に立ったことと察せられる。

文化十五年（一八一八年）正月には、御使番に昇進し、初めて君側を離れることになった。ついで文政五年（一八二二年）ごろには、町奉行に栄進した。時に四十七歳の男盛り。小林地頭職の兼務もこの時分のようである。

この町奉行という職務は大変役格の高いもので、城下の三町（上町《かんまち》・下町《しもまち》・西田町）を支配する役目である。千石くらいの武士か、あるいは家禄は低くても（それでも百二、三十石の中級士）かなり有能な人を任命することになっていた。

思うに、この町奉行在職の時分が、初めて調所が〝世間を知った〟時期であり、後年彼が財政改革に成功する素地を培《つちか》う最もよい勉強時代ではなかったろうか。このとき知りあった町人が、重久次右衛門・薬師安輔（甚兵衛）・岩城孫七・桑原尚左衛門・同次郎左衛門・加藤平八・長倉源左衛門・同猪八・川井田藤助・芝田次郎左衛門・長崎武八郎・同喜兵衛・浜村新左衛門・森永蔵左衛門・山下助左衛門・酒匂孫右衛門・谷山甚左衛門らで、天保度の改革においては、調所のブレインとも手先ともなった人たちであった。ことに重久は調所を見こんで、「この人はきっと偉くなる人に相違ない」と、調所の人がらに打ちこんでいたとの話である。

文政七年（一八二四年）十一月一日、御側御用人格、両御隠居様御《お》続料《つづけりょう》掛となり、ふたたび君側へ帰ることになった。ついで翌八年八月二十七日には、御側御用人、御側役勤に昇進した。

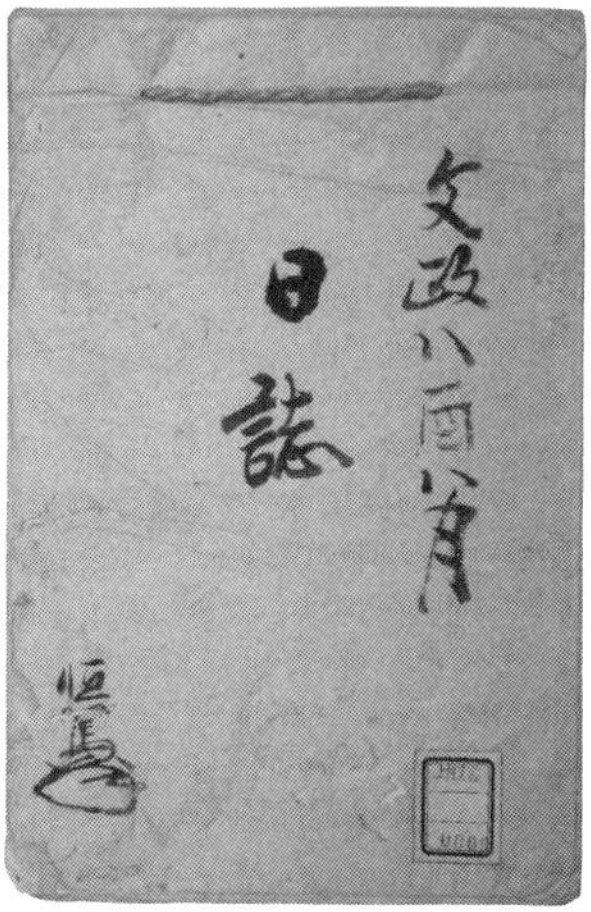

笑左衛門日誌（表紙）

時に五十歳の円熟期であった。またこの時分佐《さ》多《た》の地頭職も兼務している。

ところでこの御側御用人という職務は、政庁から御側に、また御側から政庁に、なにかにの事を取り次ぎする役目で、役格は町奉行より上で高いが、あまり権力は大きくなかったらしい。しかし笑左衛門は、もう一つ御側役を兼務していた。この御側役は、役格は町奉行より下だが、

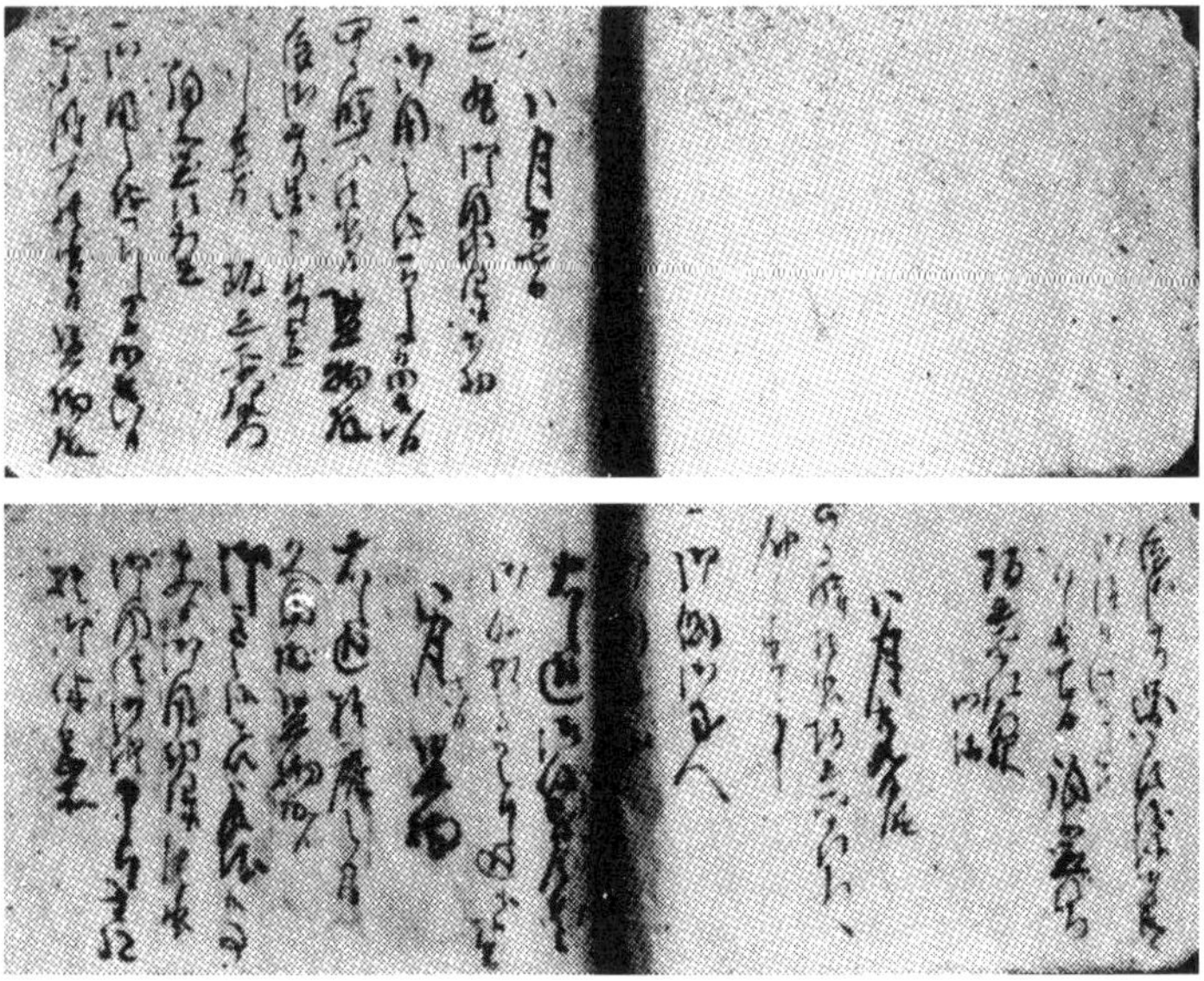

笑左衛門日誌第一頁（上）、第二、三頁（下）

なかなか偉いもので、御側にいて藩主の御趣意をよく承って、そうして家老の方へ話をする、また家老から藩主への取り次ぎもするし、始終重要な役目を行なっていた。笑左衛門は両役兼務だから、重要なポストにすえられたわけだ。しかしもっと注意しなければならぬことは、彼が江戸常勤となって、両隠居御続料掛と御《おん》取《とり》縮《ちぢめ》向《むき》御用掛に任命されていることだ。

まず両隠居御続料掛なる役目は、重豪・斉宣両隠居の経費掛りであるが、実はこの経費の財源は、重豪が幕府の特許を得て、琉球中国間にごく限定された範囲内の貿易を行ない、その収益をもって充てるという仕組みであった。のちに「琉球生産物方《ほう》」と改称したが、一般には「唐物方《とうぶつほう》」とも呼んでいた。これを糞真面目にやれば、幕府の制限に縛られてあまりもうからぬ。しかし、調所がこの役目を引きうけると、大いに成績をあげている。

「太平布二疋　調所笑左衛門　右は先《さき》御役内二丸《にのまる》御続料掛の節、唐物御品増御願済み、去秋初めて御商法相済み候処、相応の御利益これ有り候に付、御褒美として右の通り拝領仰せ付けられ候。右御格の通り申し渡すべく候　（文政十年）亥四月　久馬」と書いてある賞詞のほか、「芭蕉布三端……両御隠居様御続料掛仰せ付け置かれ候処、御定式外の株々を以て往々御続料相備え、至て骨折相勤め候に付、御褒美として右の通り拝領仰せ付けられ候……」の賞状など数通の琉球唐物関係の書類が調所家に残存している。察するに唐物商法は表向きのことで、すでにこのときから重豪の密命をうけて、密貿易を始めていたのではなかろうか。その後もその死に至るまで、彼の専管事務として機務を握って離さなかった。密貿易を民間では、「一度の航海で蔵がたつ」といっていたのだから、八方塞がりの窮迫しのぎには、真っ先に着手したと考えられる。

もう一つの「御側御用人　御側役勤　調所笑左衛門　図師崎源兵衛　右此節御取縮向御用被㆓仰付㆒候条　可㆓申渡㆒候　正月　監物」の辞令も重要なもので、すでに文政八年の正月には、後の大改革の端緒的事業をスタートしていたのである。しかしまだこの時分までは、市田勘解由・早川環・川上久馬など古い門閥の家老が頑張っていたから、茶坊主上りの彼などが改革の主役として登場するには時期尚早であった。これらのお歴々が改革主任をしくじって二進《にっ ち》も三進《さっち》もたちゆかなくなってはじめて調所の登場が許された。

このようなうるさい門閥意識の壁は、どこの藩政改革でも失敗の原因になっている。調所もまた最後までこれに煩わされ、ことに主任になってからの七、八年間は、市田・早川・川上の輩に足元をいつもねらわれていたようで、彼らと冷戦に勝利して権力を確立するには並々ならぬ苦労を重ねたらしい。この間の事情は、浜村孫兵衛宛ての笑左衛門の書簡のはしばしによくにじみ出ている。

改革の大任を命じられる

ところが、調所の主役としての登場の時機は、意外に早く廻ってきた。すなわち文政十一年(一八二八年)のことである。数えれば君側に復帰してからわずか四年後、しかも重豪の「眼《がん》代《だい》」として改革の大任を奉じ、家老中にも指揮せよとの上意である。

しかし賢明な調所は、「多年お側勤めばかりして、財政の道は知らないから」と訴えて、再三再四断り続けた。すると重豪が立腹して、かたわらの刀に手をかけながら、膝元近く詰め寄って、「笑左衛門は豊後(斉興)の側役ではないのか」と、返事次第では斬り棄てんばかりの剣幕で詰問した。そこで、「不調法者ながら有難く側役を勤めさして戴いております」と答えると、

「側役というのは、主人と存亡を共にする職である。このような国家存亡の時節であるからこそ命ずるのに、それを断るというのは、どういう考えなのか」と怒鳴りつけられ、やむなく改革の大任を引きうけた。

ここで、重豪がなぜ財政には素人の調所に改革の大任を強要したか、また一方調所がなぜに断り続けたか、その理由について検討する必要がある。

加治木常樹は「お由羅騒動記」に、面白く事情を説明している。すなわち、「百計尽きた処から、笑悦に嘱望された。斉興に召されて特命を承った笑悦は、即座にお受けするやうな坊主ではない。存じ寄りもござりますればと、固辞して已まぬ。笑悦辞退と聞いて、栄翁は大立腹。坊主任用は意中の事であるのに、聞かぬとは怪しからぬと、早速に渋谷《しぶや》へ召換した。彼の分疏《ぶんそ》(言いわけ)の模様によっては、佩刀《はいとう》に手を掛けかねない気色。笑悦もヘイヘイハイハイの年齢ではない、もう此の時三十八歳。実は斯《こ》うした注文なのである。白金《しろがね》(斉宣の隠居邸)の風景は委細知っている。隠居(重豪)の目玉が百燭光でも、頓着はない。程よく罷り出ると、其の方は再三勝手方(財政掛)重役を命ぜられながら、何故に主命を黙して辞退致すぞ、予が面前に於て、其の通り返答致して見よと来た。待ってましたと笑悦は、お受けを躊躇する次第、先づは一個の御願のござりまする、別儀でもござりません、私事は元来身分なき御茶道のこと、一旦御勝手方の大役に相成りますれば、如何に高命と申しながら、藩中の軽侮は必然、まして陰口後口のかまびすしく、折角の御委任も一事ならず徒《いたずら》に畏頭畏尾《いとういび》に了《おわ》らうも知れ申さず、それ故この後何人より私職事につき言上候とも、御聞き捨て下し置かれませうなれば、犬馬の労はものかは、一死を以て御奉公を励みますると、ダメを出して、其の方申し分至極尤もぢゃと素地を作って、御勝手方小納戸役調所笑左衛門になり済まし、青坊主も黒々と蓄髪した」と書いている。

調所の年齢・還俗の時期・役職に関してはでたらめで、また重豪の高輪御殿と斉宣の白金御殿を混同したりして考証を欠いているが、調所の自重論に関しては一斑《いっぱん》の真をうがっている。加治木の眼に老獪と映じた主君とのかけひきはなおも重ねられて、「其ノ後猶又重豪公・斉興公・斉彬公・左近様（重豪の末子で父と高輪に同居。重豪歿後、高輪邸を整理して帰国させようとしたが、ダダをこねて調所を手こずらせた）御列席ニテ御改革ヲ命ゼラレ……」という具合に、現在より将来にわたる代々の主権者の不変の授権をかちとっている。

調所がこのように慎重な態度をとったのは、多年重豪の側近に仕え、今また斉興の御側役として機務に参じ、封建社会の裏の裏まで知悉《ちしつ》していたからである。移ろいやすい主君の機嫌次第で朝令暮改が行なわれるのはいつものことだ。現に前車の轍《てつ》として文化度の〝近思録崩れ〟を、重豪の側近として目の当たりにしたばかりだ。まして茶坊主上りの卑賤者が、門閥の壁の厚い大藩の藩政改革に当たるなど、火中の栗を拾うようなものである。聡明な調所のことだから、この人情の機微をまず警戒したであろう。

しかし、それ以上に調所を逡巡させた理由は、多年奥に奉仕して、財政金穀の道を知らない自分ごときが、それまで任命された誰もが思いどおりにいかなかった至困の藩財政の改革をできるだろうかという危惧であった。

2　薩摩藩財政の行き詰まり

薩摩藩の財政状況

それでは当時の薩摩藩の財政状態はどうであったか。左の海老原の談話を手がかりにして説明してゆこう。

「三都（江戸・京・大坂）南都（奈良）藩内ノ負債、新古ヲ併セ五百万両ノ巨額ニ及ビ、今日ノ用途ヲ弁ズル能ハズ。既ニ御参勤交替モ調《ととの》ハセラレ難ク、至困ノ極ニ陥リ、重豪公斉興公深ク御心ヲ尽セラルルト雖《いえ》ドモ、如何トモスル事能ハズ」

この五百万両の負債は、途方もない大金である。海老原の話によると、当時の実際の金利は

表3　薩摩藩の借金表

年次	借銀高（金両）
元和　2年（1616）	1,000貫余（2万両）
寛永　9年（1632）	7,000貫余（14万両）
同 17年（1640）	21,000貫余（34、5万両）
寛延　2年（1749）	34,000貫余（56万両）
宝暦　4年（1754）	40,000貫余（66万両）
享和　元年（1801）	72,600貫余（117万両）
文化　4年（1807）	76,128貫余（126万両）
文政 10年（1827）	320,000貫余（500万両）

一割二分であるから、年間の利息だけでも六十万両になる。ところが薩摩藩の経常収入は、佐藤信淵の「薩藩経緯記」では「毎年十八万三千金」といい、藩の文化十二年の節約令では、「三ヵ年分相並《なら》し一ヵ年分の産物料高、およそ十四万両余」といい、海老原は十二、三万両といっている。いずれにしても、利息さえ払えぬ大借であった。

　このような状態だから、上下ともに無惨などん底生活におちいった。江戸詰の奉公人の扶持米が遅配になりがちで、ひどいときは十三ヵ月も払えなかった。したがって国元の家禄を売り払って自弁当の生活をした。これは京・大坂詰の奉公人や国元の武士・人足とて同様であった。人夫賃も払わず、諸買入物の掛《かけ》も山のように滞ったから、誰も出入りしなくなった。使者を他家に出そうにも、駕籠を雇う金がない。また歳末に贈る目録も、金を渡せぬものだから、空手形というみっともなさ。なにしろあるときなど藩邸の金庫には南鐐銀二枚（米二、三升分）しかなかったという話もあるくらいだから止むをえない。人夫賃が払えぬものだから、毎日の掃除は表門と玄関だけにとどめた。そうすると屋敷じゅうに草がのびて、馬の秣場《まぐさば》にできるくらいの荒れ屋敷になってしまったという。

何より困ったのが参勤交替の費用調達だ。ふだん国役銀・壹分《いちぶ》銀の三匣増税とか人別一朱銀の賦課とかあらゆる負担をかけているほかに、武士の禄高からは三斗九升八合の玄米収入につき九升二合の出米《しゅつまい》（武士禄高への課税）を三升重《かさみ》、五升重といってさらに出米を強要していたから、大いに士族困窮の原因になっていた。庶民には、あらゆる物品から専売益金をしぼり、はては芸者礼銀・肩取り・富くじ許可までして財源にしていた。「以前ニナキ事ニテ、大イニ沸騰（世論）ス」といっても、「実ニ倉庫空乏」という状態ではどうしようもなかった。だから参勤交替ともなると、「富家ノ士族・市中・百姓中へ、借上《かしあ》ゲト唱へ、見聞役廻村シテ取シラベ、上納相成リ……」という騒ぎで、今になお方々でそのときの話が残っているほどだ。

参勤交替は大名の最大義務といっても、いつものことだから庶民からの借上げにも詰まってしまう。とうとうあるときは帰国の費用がなくてそのまま滞府、またあるときはせっかく西の宮までは上ってきたものの東海道の費用がなくて旅館に滞在し、大坂藩邸の者がかけずり廻ってやっと金を借り集めて旅館に届けたというエピソードまで生まれた。

海老原は、こうした薩摩藩財政の行き詰まりの原因を四つあげている。

第一の原因は、島津家第二十一代の吉貴《よしたか》時代（一七〇四―二一年）に、何事も幕府に範をとって藩制を改革し、国庫の半ばを空費してしまった。三家を新設したり、家康廟や磯の別邸を建てたりして、国費を使いすぎたというのである。第二の原因は、第二十代の綱貴《つなたか》時代（一六八七―一七〇四年）に、初めて列藩諸侯と縁組するようになり、それが以後の慣例となって、はで

鹿児島市街地と桜島

な出費がかさむようになったということ。第三、第四の原因は先に述べたように、重豪の積極政策とはでな暮らしというわけである。

以上列挙した原因は要点をついている。だがその海老原自身も別にいっているように、薩摩藩の疲弊は「決シテ一朝一夕ノコト」に起因しているのではなかった。

薩摩藩疲弊の背景

そもそも中世末より打ち続いた薩隅日三州の長い騒乱、それに続く九州全土への出兵で国力を消耗しているところに、秀吉の九州征伐にあって、九州制覇もつかの間の夢、ふたたび狭い三州に押しこめられた。そのうえ、二度の朝鮮出兵の戦費にはずいぶん困ったようである。関ヶ原の役では敗軍方に廻り、その後も慶長九年（一六〇四年）の江戸城修築の御手伝い普請などに患わされたりして、他藩にくらべると、早くも藩政当初から窮乏していたらしい。

しかしその後は慶長十四年に琉球を附属国とし、奄美五島を直轄地とすることができたし、また寛永十五年（一六三八年）以降には永野《ながの》金山が発見されたりして、多少とも窮乏は緩和された。

けれども時代が進むにつれて、世上一般の華美にならって経常出費が増大した。ことに参勤交替と江戸国元の二重生活の出費には悩まされた。苦しむのは殿様ばかりではない、随従の家来の苦痛は一層倍し、このため持高を売り払う人も出た。志布志郷の名家鹿屋《かのや》氏（肝付《きもつき》氏の庶流で鹿屋の旧領主）など、八十六石余の高持ちから、哀れ六斗余に落魄《らくはく》している。これは別に原因もあるけれど、主として参勤交替による打撃だ。そのうえ、臨時の物入りが続いた。たびたびの江戸城修築や寛永寺建立の御手伝い、それに最も手痛い打撃が、いわゆる「宝暦の木曾川治水」の御手伝い普請であった。

この木曾川の御手伝い普請は、幕府が諸侯に課した土木のうち、おそらく最大なるものであった。工事着手前にすでに六十七万両の借財に苦しんでいたのだから、薩摩藩取潰し命令同然であった。したがって工事を御請けするか、断って幕府と一戦を交えるかというところまで、藩論が沸騰したのも当然であろう。

このときの入用金三十万両、うち二十二万両余をやっと京・大坂から借り入れ、あとは国産仕登《しのぼせ》（大坂送り）および士民からの調達によった。そのために領内の士民は残らず人別一匁出銀と諸払方銀米一分五厘引きの苦労を味わねばならなかった。とりわけ悲惨だったのは、工事の総奉行平田靱負《ゆきえ》・副奉行伊集院十蔵以下足軽まで五百六十余人、家来下人三百八十人、合計九百四十七人、その他大勢の雇人夫まで含めて、十三ヵ月にわたって苦労し、あげくの果てには平田靱負以下の自殺者五十名という犠牲者を出したことであった。藩主重年も、心痛のあまり、工事竣工後三ヵ月目の宝暦五年（一七五五年）六月病没した。

これらの人災のほかに、元禄九年（一六九六年）四月の鹿児島城大火、安永八年（一七七九年）十月の桜島噴火による田畠数万石の損害、天明五・九年（一七八五・八九年）両度の田町藩邸火災、同四月の桜田藩邸の火災、天明八年正月の京都大火による藩邸焼失（二条城および皇居の築営まで課せらる）、文化三年（一八〇六年）の江戸藩邸焼失など、天災が重なりあった。

これまで家老たちに改革をさせようとしたが失敗した。もうこうなれば、自ら改革に乗り出して陣頭指揮を取るよりほかにないと、重豪も非常の決意に及んだ。自身大坂に出かけて銀主たちを説得したり、また数百里の山河を越えて日本の最南端まで出かけ、藩政の改革を指揮しようとした重豪の決意は悲壮である。

しかしこの報に驚いたのが、娘の将軍夫人茂子である。「八十四五、極老ノ齢ニテ、数百里ノ旅行ハ思ヒ止マリ玉ヘ」と懇《ねんごろ》に引きとめたから、せっかくの旅装も解いてしまった。

このとき、重豪の脳裏に浮かんだのが、「調所なら自分の代わりが勤まるかも知れぬ」という妙案であった。それもそのはず、「調所広郷ハ二十三ヨリ傍ニ有ッテ、能ク栄翁公ノ心ヲ知リ、命ヲ重ンズル事、他ニ殊ニシテ、人ノ信用ヲ得、事ニ敏ニシテ、守ル事固ケレバ、改革ノ大任ヲ命ゼラレバ、其ノ任ニ堪ユベシ」という、いわば重豪の分身であったからだ。財政の素人であってもよい、その分は重豪が背後にあって指揮すればよいことで、問題は何よりも重豪の気心をよく心得た忠実な代行者を得ることにあった。この点においては、調所こそ最適任者であった。

笑左衛門の心根の深さ

以上述べたような慎重な経過のあと、調所は改革の大任を引きうけたものの、その後二十数年の長きにわたって、人心の収攬《しゅうらん》について、上は藩主から下は部下まで、たえず心を配らねばならなかった。それについては随所に触れることにするが、人心の機微について彼の心根の深さを証明するエピソードを一つ紹介しておこう。

江戸と国元をたえず往復していた調所と海老原は、その途中、播州姫路藩では、家老の河井隼人介が国政を整理し、道路の改修がよく行なわれていることを知っていた。ところがある年、道路がそれまでとは違って、整備されていない。聞けば、河井が死んだという。その夜、宿について、調所が「今日は何か気がつかなかったか」と聞くので、海老原が「道路のことではないですか」と答えると、調所は「そうだ。これは他でもない、どこでも同じことだよ」というのであった。

奇跡の裏には、綿密な計算と辛抱強い準備が必要である。薩摩藩の天保度改革の裏にも、大坂の経済事情調査と佐藤信淵の助言があったことを忘れてはならない。

まず経済事情調査の件だが、「栄翁公・斉興公深ク御苦心遊バサレ、密ニ菊池東原ノ言ヲ御聞キ遊バサレ、調所広郷ト共ニ姓名ヲ変ジテ木曾路ヲ経テ大坂へ差シ出サレ、銀主亦《また》ハ富豪ノ情実ヲ認メ復命ノ上、御改革ノ任ヲ広郷へ命ゼラレタレ共……」と海老原が洩らしているだけで、この菊池東原がどんな人物だったかは一切不明だが、その建策は「巨額ノ負債ヲ閣《お》キ、産物料ヲ以テ支弁スルノ法」、すなわち借金を踏み倒して新規に国産の収入で財政をまかなおうという案であった。しかしそうすると信用を失って、当座のやりくりの金に困るという欠点があった。そこで菊池と調所を変名のうえ、中山道から大坂に潜入させて大坂の経済事情を調査させ、富商・金貸しの間に何か乗ずるに足る一路の隙を見出そうとしたのであった。

佐藤信淵との関係はよく問題とされるが、信淵は秋田の生まれ、当時高名な経済学者であった。「愚老、貴国を遊歴すること数度、頗《すこぶ》る民間の事態を知れり」と自負しているが、とにかく薩摩藩の事情に明るかったらしい。彼の手に成ったのが「薩藩経緯記」であり、著作の動機は次の通りである。

信淵の門弟に薩藩士相田儀平なる者がいた。ある日来訪して、「私の藩の家老猪飼央《いかいおう》が、先生の経済産物の講義をききたいと渇望している。けれどもこの人は当時国君第一の寵臣で、公務繁多のため外出の機会がない。そこでぜひ先生の御来臨を願って、御高説を拝聴したいと切望している。まげて御許しを願えまいか」と懇願するので、文政十二年（一八二九年）十月十二日の日を約束した。当日になり迎えの駕籠に乗って藩邸を訪れると、猪飼が門に出迎え丁重な挨拶をうけ、大変な馳走になった。席上、早川宗節・田中七平らとも会った。この日から数日滞留して「開物篇」を講義したが、その後も講義の会を六、七度ももった。そうしたら猪飼は、すこぶる信淵の学問に傾倒して、人を遠ざけてからひそかにいうには、「わが藩は日隅薩の外に、海島も多く、物産が多い。しかるに近年になって疲弊し、人口も減少し始めた。私は財政逼迫を心配しているが、このような時に当って、どうしたらよいものか、先生に良計があるならば教えていただきたい。先生の教えに従って政事を改革したい」と切に願うので、いろいろと信淵も意見を述べ、ついに猪飼のために、「薩藩経緯記」を著したのだということになっている。

しかし相田儀平が信淵に紹介したごとく、猪飼は「我が藩太夫」とか、また「此の人は当時国君第一の寵臣にて、公務繁多、絶えて外出することを得ず」といった家老職ではなく、重豪附の御側御用人御側役の寵臣にすぎなかった。信淵が猪飼に招かれたのは文政十二年の初冬であるが、調所はそれより一年前の文政十一年には、まだ家老職にこそなっていないが、すでに改革の大任を拝命し、当時はその準備に忙殺されていたのである。ともあれ何かの都合で調所は表面に出ずに、裏面で緊密な連絡をとりながら信淵を厚く遇し、猪飼をして信淵の教えを請わしめたのではなかろうか。

また、講席につらなった相田儀平・田中七平・早川宗節、いずれも偽名ではあるまいか。もっとも早川環という重役は当時実在していた。そしてまた調所氏関係の遺文には信渊との関係を示すものがなく、わずかに海老原の談話の一ヵ所に、信渊の意見を参考したような記事が見えるだけである。

したがって信渊と天保度改革との関係については充分に明らかでないが、猪飼が表裏一体の関係を成して調所の改革を助けたという点から察すれば、調所の指図によるものと考えた方が自然であろう。

3　大坂町人を味方に

大坂の銀主たちと重豪

さて名案はできても、先立つものは資金である。調所の手始めの仕事は、大坂に出て改革資金を調達することから始まった。しかし、たびたび銀主たちに会って出金を依頼しても、それまでに何度も信用を失い、約束違反もしてきていたのだから、今さら引き受けてくれる者もいない。銀主たちに馬鹿にされたり、恥をかかされたり、とうとう相手になってくれる町人さえいなくなった。

調所は、このままでは江戸に帰るわけにもいかず、今は腹を切る覚悟を定めた。だが、〝窮すれば通ずる〟の譬《たとえ》もある世の中、朝から晩までソロバンはじいて世渡りする銀主たちの中から、思いがけなく調所の援助者が現れた。

海老原は、「其ノ儘江戸ニ帰リ復命スル事能ハズ、刀ノ柄ニ手ヲカケタル事度々アルニ及ンデ、浜村等其ノ忠実ヲ憐ミ、平野屋五兵衛等ヲ語ラヒ新組ノ銀主ヲ設ケ、当座ノ用ヲ携ヘ江戸ニ出タルガ始《はじめ》ニテ……」と当時を伝えているが、大藩の重役が町人たちのはずかしめをじっと我慢して誠意をつくす姿、その死を決した真心には、さすがに人の心を動かすものがあったろうが、また一面において調所その人の人柄がもともと人の信を得るに足る充分な魅力を備えていたからでもあろう。

かくて浜村の肝煎りで、平野屋五兵衛を中心に、平野屋彦兵衛・炭屋彦五郎・炭屋安兵衛・近江屋半左衛門の五名が新組銀主となった。

しかし調所の誠意や人柄に感動したとはいえ、そこは大坂の銀主、薩摩藩としての確かな計画と保証が欲しいと主張した。文政十一年（一八二八年）の冬、平野屋彦兵衛は五兵衛の末家であることから、孫兵衛や調所とともに銀主代表として出府することになった。直接に重豪に会って、その意志を確かめた上で出金しようというのである。

江戸の藩邸に到着し、首尾のほどを復命すると、「明日拝謁仰せ付けらるべし」とのこと。調所は高輪の重豪邸から芝の藩邸へ帰宅して、浜村や彦兵衛にもその旨を伝えて安心していた。するとその夜猪飼が高輪から馬を飛ばし駈けつけてきた。「この夜中に何事か」と聞けば、「昼の進上物を御覧になって、こんな粗品しかくれない連中に、今度の銀主がつとまるものか、明日の拝謁はできないから、笑左衛門にそう伝えよ、ということでした。貴殿の千辛万苦でここまでになったのに、誠に残念なことだけれども、何とも申し上げようもない」と、寝耳に水の異変で、猪飼も大いに嘆息するばかり。これを聞いた調所は、拝謁できなければ、これまでの骨折りは水の泡になるが仕方がない、とにかく自分が翌朝出殿して、意向をうかがおうと考えて、いちおう猪飼にも帰ってもらった。

いよいよ翌朝になり、重豪の御殿に行って控えていると、「出よ」との御沙汰で、御前へまかり出た。平伏したなりしばらく何もいわずにいると、重豪が「今朝出仕したのは何用でか」とたずねた。なおも黙ったまま平伏していると、またも「何用でか」と下問。続いて「夜前、大坂の両名の者の事については猪飼にいっておいた。そのことか」と聞く。そこで調所も、恐る恐る、「さようでございます。これまで苦心して、ようやくここまで話をまとめることができましたが、両名に拝謁を仰せつけられませんならば、せっかく持ってきました金もむだになり、何とも申し上げようございません」と答えた。すると重豪は、「あのくらいの粗末な物をくれる連中に、大金の工面はできまいと考えていたが、金を持ってきたのなら会おう」と、現金な返事。いかにも重豪と調所の呼吸ぶりが面白い。

そこでその日無事に御殿の拝謁を終わると、「お庭の御茶亭へ廻っておれ」といわれ、待っているとほどなく重豪が姿を現し、平伏している孫兵衛・彦兵衛に向かい、「遠路迄差し越し大儀」と挨拶があり、「さて当方の財政至困、大坂の仕向けをたびたび改めた始末をとくと申し聞かそう」と、財政困難の次第とこの度の計画を、弁説滔々と流るるがごとく説いた末、「世間では路頭に立つという諺があるが、わしの今の有様はそれどころの騒ぎではない、路頭に寝ているという窮状じゃ。よくよく察してくれ」と、腹を割った話をした。

感激した彦兵衛が頭をもち上げて、「恐れ入ったる御言いつけ、謹んでお請け致します。なれどそれについて、一言だけ申し上げたい儀がございます」と注文をつけた。

「それはほかでもございません、今まで島津様の御用金を御用だてする時は、御家老様か御用人様がお出でになって堅い御約束で御用立いたしてきております。するとそこへまたほかの方様がお見えになって御用を仰せつけられますので、それはもう前に御約束仕りましたと申し上げますと、いやあれは何某のしたことで、この節はそれとは別口じゃと申されるので、大変迷惑いたします。かように同じ薩摩藩の中でまちまちでは、どなた様を相手にしたらよいのか、トント迷ってしまいます。この節の御改革資金の件については調所様と堅く御約束申し上げたことですから、御改革成功までは笑左衛門様は御替りがないように御願いいたしたいのでございます」

　これに対して、重豪は何と答えたか。

「いや、せっかくだが、その儀はまかりならぬ。笑左衛門とても、予が意に適《かな》わぬ取扱いをすれば、直に替えねばならぬ。さりながらお前らのいうことにも道理があるから、これまではお前たちに引き合いなしに替えたけれども、以後はお前たちにも知らせてやるから、さよう心得よ。さて今日はゆっくりしてゆけ。今後も出入りするように」

　重豪が内に入ってから両人はポカンとしたまま高欄《こうらん》によりかかっていたが、やおら平野屋が孫兵衛に向き直って、「孫さん、これまでの事ができなかったはずじゃ」と言えば、浜村が「なぜに」と聞き返す。「今日拝謁してみると、殿様が御家老様で、御家老様が殿様じゃから、なんでできるはずがない」と、両人とも長嘆したという。かくて御用金も納め、無事に江戸の用向きもすませた調所は浜村と平野屋ともども大坂に出て、いよいよ改革の仕事に着手することになった。

「お由羅騒動記」に見る資金調達異聞

　資金調達に関しては、「お由羅騒動記」に異聞があるから紹介しておこう。

「就任早々帰国の途を急ぎ大坂の蔵屋敷へ着いて、出入町人を招集して商況調査に従事した。

此の調査に依って、南方諸島の外に産物のない黒砂糖の専売と唐物の密貿易とを以て新財源となすべきを確認した。鹿児島下町に下会所といふ役所がある。これは町奉行の詰所で、物価を監視し売買の平準を司る該藩の商務局である。大坂の調査を結了して、国に就いた笑左衛門は、此処へ町々の年寄共を召集する令状を発した。町人共は財政状況を悉知《しっち》してゐるから、多分は御用金であらうと尠《すくな》からず恐慌の体である。当日になって見れば、渋々ながら出頭しなければならないので、四五十人の年寄が下会所へ集った。

笑左衛門は新任の挨拶の後で、其の方共も粗々《あらあら》御内政向きは承知して居らうが、御用金を差し上げて御用を弁ずるのは容易の事であるけれども、それは一時の御凌ぎであって永遠の事ではない。依って町人百姓等の迷惑にもならず、永遠に御勝手向の御為めに相成る儀もあらば、各自腹蔵なく見込みを申し上げよと申し渡した。

案外の沙汰に、一同暫時言句もなかったが、下町年寄山元某、林某が進み出て、その御手段の儀は外に御仕方も在らせられ候べきも、私共存じ寄りにては、御国産の第一たる大島其の他の砂糖に御手を附けられ、商人共の売買を差し止められ御手元にて一手に御取扱ひに遊ばされ、大坂にて一定の相場を立てさせられ然るべし。その上は、諸商人の島方に下り窃《ひそか》に買ひ取り候者、島方糖作人の内証売りいたし候者をば、屹度《きっと》御沙汰相成り厳重に御処刑ある事となされなば、後々には違背の者なく、御勝手向第一の御為筋と存じ候とあった。他の年寄等も、それ宜しからんと、異口同音に申し出る。

笑左衛門は、予も同感であるが、此の御事業一手御扱ひと相成るに於いては莫大の資金御入用なれども、唯今はさる御余裕もなければ、それを御困難なさる。これを蔵屋敷御出入町人へ申し聞け、資金調達も整ふべき相談であるが、左様にては御勝手向御内情も自然世間に洩れると申すもの、御体面も宜しからず、御膝下の町人共の面目も如何、彼是の影響を考へ、三五年賦《つも》りを以て右の資金を御借上げなされ相応の利子を下さるべく候間、此の儀について銘々の御所存を申し上げろと、卑賤から身を起《おこ》した笑左衛門だけに、緩々と打ち拡げた網を徐々に絞る網手の加減。年寄に安心させてさて御尤と言はせずには置かぬ。其処で年寄各個は応分の御貸し上げといふので、即座に数万両を醵出《きょしゅつ》したので、笑左衛門は腹案を現実するの機会を得た」

このように加治木常樹はもっともらしく述べているが、城下で資金調達ができるくらいなら調所も苦労をしなかったろう。何か伝聞の誤りであろうが、多少はこれに似た話が城下でもあったのかもしれない。

重豪・斉興が調所に下した大命

天保元年（一八三〇年）もおしつまった十二月に、調所に対し、重豪・斉興から左の三ヵ条の大命が、朱印つきで直々に下された。

「一、天保二年から十一年までの十ヵ年間に、五十万両の積立金をつくること。

二、そのほかに、平時並びに非常時の手当てもなるたけ貯えること。
三、古借証文を取り返すこと。
これまで誰にやらせても巧くゆかなかった新しい借入金のことも、お前のお蔭で片附いた。しかしこれだけでは当座しのぎであって、万古不易の備えがなくては本当の改革とはいえない。だから浜村孫兵衛とも相談して、十年の間に右の三カ条をやりとげてくれ。これだけの大事業を申し付ける以上は、御国益になると思うことは何事に限らず家老中へ申しつけ、お前の思いのままにやれ。ただし大坂表のことは江戸と遠く離れていることだから、連絡に手間どって時機を失してはならないから、お前で専決して後で報告すればよい。この旨は当主の斉興ともよくよく熟談のうえ命ずるのだから、なんらの故障はない」

これに答えて、調所はいった。

「一、五十万両の御積立は十年の間にやりとげますが、凶年の時もあることですから、必ずしも平均した成績はあげられますまい。最後の十年目の総和をお待ち下さい。
二、平時並びに非常時の手当金も、なるたけ都合いたします。
三、古借証文の取り返しの御命令は、追々工夫して実行します。しかしこれは大変に難しいことで、相手次第では出来かねることもありましょう。尊慮を推察しまするに、なんでも力ずくで証文を巻き上げろということではなく、財政再建に差し支えない程度で返済の道がつけばよいということで御座いましょうから、そこのところを工夫して取り返しましょう」

調所らしい用心深い請け方だが、彼はさらに、「仰せの如く家老中にも遠慮なく指揮し、私の思いのままに取り計らいますが」と改革の全権を掌握しつつ、「このような大事業を仰せ付けられた上からは、今後は年間の経費が増加しないようにされることは勿論のこと、これまでだんだん経費節減を仰せ出された通りに取り計らいます。また一方においては、国産の大坂販売品も増産増収になるよう懸命の努力をつくします」というふうに重豪の豪奢癖の抑えるべきところはやんわりと押え、その意に忠実に積極的開発主義の線をうち出している。

この重豪の朱印書は、調所の内願によって与えられたものらしいが、全く異例の待遇である。この英明の君にして、この周到の臣ありというべきか。思うに天下の諸侯が、青息吐息で町人の金権に低頭している時世に、これだけ雄大な構想をもちえたのは、〝天下の下馬将軍〟重豪なればこそであった。かくて、天保三年（一八三二年）二月、調所は、家老格に任ぜられた。

だが、翌天保四年正月、この英邁進取の重豪も、ついにその八十九年の生涯をとじた。ただ調所に対する信任は、斉興の世になっても変わらず、重豪歿後ただちに、三月十九日、朱印をもって、いよいよ家老に取り立てたのである。

大坂町人・浜村孫兵衛への厚い信任

ところで、驚くべきことに、こうした重豪、斉興の朱印は、同時に大坂町人出雲屋孫兵衛（浜村）に対しても与えられていたのである。すなわち、天保元年の調所への大命のとき、孫兵衛にも、重豪の朱印書が猪飼央の手を経て下付されている。趣旨は大体調所に下されたものと同じであるが、この辞令の下付が終わったあと、人払いのうえで重豪は孫兵衛と直々に密策を話しあった。これは破格の信任であったが、天保四年のときも斉興朱印の信任状が斉興から直接に下付され、調所と図師崎源兵衛のほかは、御側衆などすべて人払いのうえで、斉興と密議をこらした。

斉興の信任状は「重豪公が死去され私一人になったから、なおさら決意を固くして万代不朽の基礎をつくり、国家安全万民安楽に至るように規定を守らねばならぬ。それについてはお前が奮発して、調所笑左衛門とよくよく相談して努力してほしい。別紙にも申した通り、予定の年限内に貯備金も半分の目標に達する成績をあげることができたが、重豪公在世中と少しも方針は変わらぬから、この上もいっそう少しの疑念もなく精勤してくれよ」というねんごろなものである。

だから天保度の改革では、素人の調所を助けて半ばは浜村が主役を演じたようなものである。海老原も、大坂の金策は浜村の発案だったと、浜村の功績の大きかったことを認めているが、調所についての浜村の話を次のように伝えている。「調所さんが初めて大坂に出てこられた時にはなんにもごぞんじなくて、何事を行なうにつけても、それでよいか〳〵と御心配ばかりしておられた、ただ今で例をとれば、伊集院平さんをその場に置くようなもので、経済のことなど知っておられるわけがない、しかし今日になりますと、私（浜村）などとても足もとにも及びませぬ、ほんに奇妙というほど出来たお方じゃ」

このような島津家の厚い信任があったからこそ、天保七年（一八三六年）、五百万両の借金踏倒し事件の責任を一身にかぶり、大坂東町奉行跡部《あとべ》山城守の訊問をうけたときも、「浜村はかねて臆病者の噂があったから、法廷ではきっと恐怖するだろうと考えていたところ、全然そんな風はなく泰然として申し開きをしたということだ」といった堂々たる態度を示したのだ。海老原は調所の忠実を憐んで改革に協力したといっているが、浜村の書付によれば次の通りである。

すなわち文政十年（一八二七年）の八月に、家老川上久馬が出坂して、平野屋甚右衛門そのほか御出入り一統と精々密談して画策したが、すべて失敗に帰した。そこで以前から非公式に出入りしていた出雲屋にお鉢が廻ってきたので、いちおう二万両だけ都合して御用立てした。御銀十枚の褒賞が下されたが、これが出雲屋が島津家へ公式に御用を勤める発端であった。ついで、「今般御趣法替ニ付キ、去々亥年（文政十年）ヨリ日々出入リ致シ、御金繰リ等万端引キ請ケ出精致シ、自身ニハ相応出銀致シ、其ノ外出銀向等引キ進ミ、江戸表御払屯《たま》リ御取リ補ヒ付イテハ、惣代トシテ旧冬ヨリ出府致シ追々都合ヨク取リ計ラヒ、其ノ上御趣法筋何篇勘弁致シ抜群出精致シ候上、全ク御趣法ノ道モ相立チ、就中《なかんずく》御所帯向極ク御難渋ノ時節モ存ジ乍《なが》ラ右様出入リ致シ、別ケテ奇特ナル心入レノ至リニ付キ、御褒美トシテ定式御仕登セ砂糖七百万斤ノ内百万斤、永年ニ至リ年限無ク御蔵売支配仰セ付ケラレ、壱斤ニ付キ弐厘ヅツノ口銭《こうせん》成シ下サレ候条、後証ノ為ニ件ノ如シ　文政十二年丑二月　有馬男吏判　調所笑左衛門判　出雲屋孫兵衛」という注目すべき書付が下された。

ちなみに、この川上久馬という家老は、「兼て御噂申し上げ置き候久馬時代打ち崩しの尻ふきに此のごろ手を附け申し候処、相応なる金高に及び、さてさて是には強《ごう》ばら千万に御座候へどもいたし方これ無く、しかし是の取り始末いたし候はば、多人数有り難がり候はんと存じ申し候。……何分初発不都合の取り計らひ故、始末甚だむつかしく込《こま》り入り申し候」と、調所が浜村宛ての書簡に述べている人物である。川上は御勝手方家老として努力はしたものの大失敗をやったものらしく、代わって有馬男吏となり、調所も在判するようになった模様である。

このように考えると、文政十年十二月の浜村登場の御膳立を、川上や有馬の舞台裏でやったのは調所であるといってよかろう。このとき以来、浜村は島津家と調所の絶大な信任をうけるようになった。だが浜村も大坂の商人、薩摩の国産に着眼し黒糖の利権を握ろうと望んだ。調所も七百万斤のうち百万斤の利権を与えた。

その後、天保元年十二月朔日には浜村姓を賜り、御小姓与格十五人賄料の士分に列し、ついで同四年冬には新番格八十人扶持、天保七年十月には御馬廻格百二十人賄料に昇進した。彼が天保七年入獄したときも、十月三日付で孫兵衛の子同名孫兵衛に対して、その親の骨折りを謝し、従来の百人扶持に加うるにさらに二十人扶持を下賜している。この発令は調所の配慮から出たものであろう。

4 五百万両を踏み倒す

二百五十ヵ年賦の無利子償還という暴令

天保六年の十二月には、重豪遺命の備金も過半そなわり、改革の目当てもつくところまで漕ぎつけた。かくてかねての計画、五百万両の借金の踏倒しに着手した。その方法は、新古を問わずすべて、二百五十ヵ年賦の無利子償還という暴令である。親戚の近衛家であろうと一橋家（将軍家斉の生家）であろうと上下親疏のへだてなく、また江戸・京・大坂・奈良や国元、ところかまわず一律にこの償還方法を実施したが、ただし京坂は天保六年、江戸は七年の実施であった。

調所の孫、同名笑左衛門の談話によれば、「海老原清凞が、調所の命によって大坂留守居の高崎金之進と一緒になって、古い証文を認め替えるから一時返してくれと欺し取って、調所に差し出したところ、調所はすべて焼き捨ててしまった。それからが大変なことになって向《むこ》うへ聞《きこ》えると、私の身体はどうでも取り扱いなされ、私は今日限りである、御勝手になさいということで、さて打ち殺しても一文にもならぬ。かえって向うから彼此《かれこれ》するようになった」ということである。しかしこの談話の中の海老原の出坂は天保六年の十二月で、それより十日前に調所は江戸に帰府しているから、実施に当たり始めたのは翌春からではなかったろうか。

古い証書の書き換えというのは次ページの写真のような通帳の作製であった。これでは証文がないのだから、訴えるすべがない。全くうまいペテンであった。写真の通帳は、どうしたものか島津家の蔵の中にたった一冊残っていたもので、相手は「夢の代《しろ》」の著者として有名な町人山片蟠桃《やまがたばんとう》の子である。金貸しとして仙台藩の台所をおさえてぎゅうぎゅういわせた彼も、調所にはしてやられた。

しかしこの通帳を見ると、明治四年の暮れまでは几帳面に毎年の償還を実行し、旧藩債消滅の暴令発布の前年、すなわち五年の暮れから停止しているだけだ。もう一つ注意すべきことは、七十貫の本銀に対して年賦二百八十目の支払いになっているから無利子であったことだ。

予想のごとく大変な騒ぎになった。ことに大坂の富商は各藩の大小名に金を貸してその利子で営業していたから、このような方法に各藩がならったら大坂はたちまち衰亡するに違いないと物議が沸騰した。そして「浜村が発案し、重豪が採決し、調所が実行した」と取り沙汰した

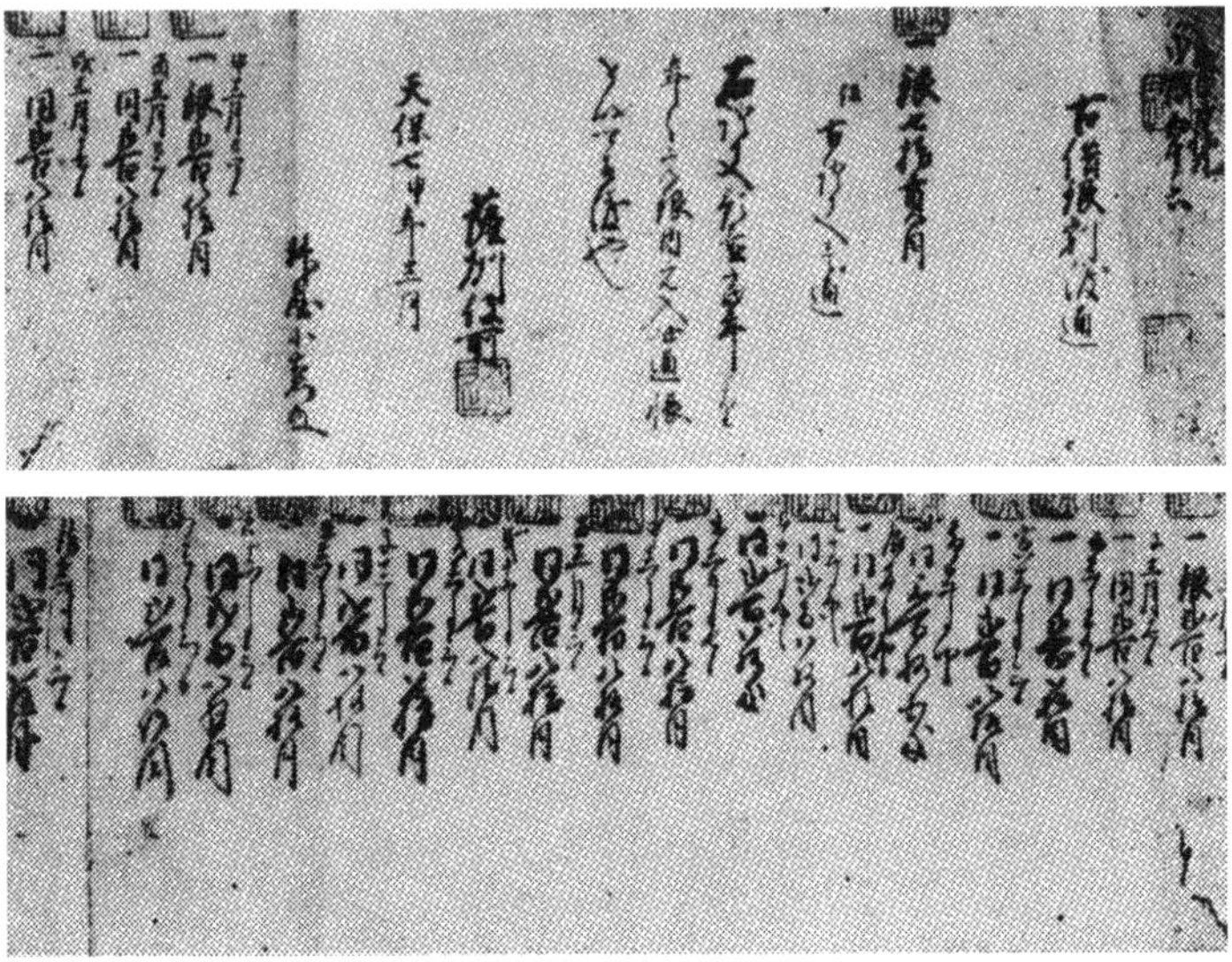

山片小右衛門宛ての借用通帳

ので、大坂東町奉行跡部山城守もほっておけずに、浜村を牢にぶちこみ、取調べのうえ大坂三郷払いにし、堺に追放した。

不思議にも当の島津家や調所には何の沙汰もなく、また浜村も追放程度の軽い処罰で許され、間もなく帰坂してふたたび調所の相棒を勤めている。おそらく、前将軍夫人の存在や幕府への十万両謝恩金献納などのマジナイがものをいったのであろう。

重豪は天保四年に死んでいるから、この勇断を下したのは斉興であった。斉興の人物については、この後の幕末史の進行を決する重要な鍵であるから、この辺でふれておくことにしよう。

薩摩の財政復興に尽くした斉興

斉興は、維新の志士たちからは評判が悪いが、大変な偉物だったらしく、「大事ヲ断ズル、確乎《かっこ》トシテ動カズ、甚ダ威重アッテ、思慮常ニ人ノ意表ニ出ヅル事多シ」といわれている。長年近侍を勤めた者すら狎《な》れ近づくことができず、調所は常に鬼神のごとく斉興を恐れていた。「私も数代の君に仕えたが、こんな殿様は初めてだ」と極度に言行を慎み、旅中国元を問わず一事あるごとに必ず報告し、夜を徹して報告書の筆を走らせたという。

斉興は〝近思録崩れ〟の後をうけて、十九の歳から重豪とともに四十三歳まで二十五年もの間、島津家の最も窮迫したときに財政の復興に生涯をかけた人である。だから「細大ノ事務ヲ聞イテ可否ヲ決ス」といわれるように、藩政のすみずみまで眼をくばり、むしろ厳明酷薄にすぎるきらいがあったほどである。調所の死後に大目附の吉利仲《よしとしなか》に向かって、「其の方などは、万事笑左衛門に任せておったと思うだろうが、ことごとに頭を押えていたのだよ」と話している。いったん事をきめると強情で惑うことがなかったらしく、次のようなエピソードも残されている。

ある年の帰国の前夜、三田通りから田町まで延焼した。藩邸の類焼は免れたものの一時は大変混雑した。それにもかかわらず予定の通り、煙火のくすぶる中を行列は出発したので、髪毛

島津斉興

がチリチリ焼け縮んだとのこと。また隠居して高輪邸にいた頃、異船が来航して江戸じゅう上を下への大騒ぎとなった。高輪邸は海口に当たるから、邸外はことのほかの混乱であった。しかるに能楽の定日であったから邸内は森閑として鼓笛の声ばかりが聞こえた。この翌朝、藩邸の門に〝天下の大でき物〟と書いた大きい膏薬の紙が張りつけてあった。このような強情英明な斉興の信任をえていたことこそ、調所の改革成功の鍵であった。

思うに天保七年から八年にかけて、大坂は大変な災厄続きであった。島津家の負債の大部分は大坂商人のものであったから、倒産者が続出した。あけて天保八年（一八三七年）の二月十九日には「大塩の乱」が勃発して、町の大半は兵火にかかった。斉興も調所もさすがに大坂を避けて通り、大坂の銀主たちがどんなに騒いでも藩邸で応接に出るのは、高崎金之進と海老原宗之丞の下役だけで、とんとらちが明かない。八年には斉興が、「自分の今度の処置は、大国の藩主として皇恩を報ずるためにしたことだから俯仰天地《ふぎょうてんち》に恥じない。臆病と考えられるのは残念だ」と例の負けん気を出して、例年の通り淀川を下って大塩の乱後の焼跡を見物した。しかし早々に行列を立たせ、海老原を行列外で見張りの供につけ、備前片上《かたかみ》駅では不慮の椿事を警戒して宿直に当たらせた。ところがその後、今度は上りのこと、果たして大事件が突発しそうになった。

平野屋某が、「身上が逼迫してどうにもならぬから、先年の出金をお返し下されと願いに及んだ。「この度の処置は、一統年賦償還と定《さだま》っていることで、特別の計《はから》いはできかねる」と、何度諭しても承知せぬ。薩摩屋仁兵衛という出入りの商人に口をきいてもらっても駄目。それのみか、「明日西の宮よりの路上に駕籠訴しよう」と脅す始末。これには調所も閉口して、「平野屋の強腰の背後には多数の与党がいて、償却の法を破ろうという企みだ。そうなれば大変だから、海老原は今夜西の宮に急行して、明日は御駕籠の左右にあって適宜な処置をとってくれ」と緊急措置を命じた。

海老原が思うには、「西の宮から大坂まで四、五里の路程で、どこに平野屋が隠れているか見当がつかぬ。もしだしぬけに駕籠訴でもされた時、強引に押し止めでもすれば路上の騒ぎとなろう。それこそ平野屋の思う壺にはまることになり、騒ぎは大坂じゅうの大評判になる。天下の笑い者になることは必定だ。どうしても今夜のうちに処置しなければならぬ。もう一度薩摩屋に頼んで説得させ、それでも強情を張るならばやむをえぬから、平野屋の帰途を待って斬り棄てよう」と覚悟を定めて、見張りを続けていた。待ちくたびれていると、「平野屋がやっと納得しましたから」という吉報が届いた。かくてさしもの事件も事なきをえた。

斉興と調所の偽金造り

大坂の借金にくらべると、国元の借金の処理はスムーズに片づいた。それは金高に応じて身分を与えるという方法だった。このとき士分にとりたてられた有力商人たちが、のちに調所の股肱《ここう》として活躍している。

何がもうかるといっても、偽金造りには及ぶまい。貨幣に不自由しきった斉興と調所は、大胆にも偽金造りを始めた。鹿児島花倉《けくら》に、「お金方《かねほう》の跡」という化物屋敷がある。ここが偽金を造る役所であった。後は切り立つ絶壁を負い、前は数間の高い石垣になり、下は海を望む。人里離れた要心堅固な場所である。

天保四、五年のころ、斉興はこの辺鄙な土地を見たてて別邸を営んだ。世人これを花倉お仮《かり》屋《や》と呼んだが、落成後斉興が一夜泊ったところ、〝天狗脅《てんぐおど》し〟といってさまざまな怪異が起こった。そこで急に御仮屋を廃して、新たに玉里《たまざと》に代わりの別邸を営み、そのあとを「御金方」にしたと伝えられる。偽金造りも密貿易同様国禁であるから、記録が残るわけがない。しかし調所の死後も相当大規模に続けていたようで、維新前の情況は大体次の通りであった。

主席　本田清兵衛　　次席　山本四郎左衛門　　会計　入江十郎太　　技術者　三人　職工約二百人　　貨幣の種類　一分金　二分銀　　製造高　毎月二回ずつ藩庁へ納入。一回の納入量は、最も多いときで運搬人夫三十人を要し、最も少ないときで十七、八人を要したが、普通には二十五、六人。この人夫はすべて花倉・竜ヶ水《りゅうがみず》・雀ヶ宮《すすめがみや》・七社《ななやしろ》方面の者のみを徴した。

なお、本田清兵衛なる人は、その当時冷水町《ひやみずちょう》の洗い出しというところに居住し、なかなか技《ぎ》倆《りょう》ある人間で諸器類を改善した。技術者は三名とも支藩佐土原藩の人たちで、御金方の門前に住宅があてがわれていた。

思うに、この〝天狗脅し〟は狂言で、最初から御金方の役所として建てられたものだろう。

第四章 物産・流通改革と黒糖収奪

1 調所流・合理的節約財政

薩摩藩の財務組織

五百万両の踏倒しといい、また密貿易や偽金造りといっても、いずれ非合法・変則的な一時しのぎにすぎない。斉興が調所・浜村両名に下した朱印書には、「万代不朽ノ地基ヲ居へ、国家安全万民快楽に至リ候事」が改革の眼目だといっている。そこで彼のとった改革の方針は必然的に財政の再建・農政の復興・軍政の整備の三大項目であったが、まず財政の改革から述べよう。

薩摩藩の財政は、家老のうち一人が勝手方掛の主任となり、その下に吟味役が数名あって輔佐し指揮することになっていた。重豪の代、寛政の頃になって「趣法方《しゅほうほう》」という一局を特設し、側用人側役をその掛り員とし、その下に調べ掛りという数名の役を置き、この調べ掛りには、各局の老巧練達なものを任命した。これらの人々で可否得失を決して勝手方掛の家老へ上申する仕組みであったから、いわば経済企画庁のような役所であった。

趣法方勤務の書役を長年勤めると自然と財務に明るくなるから、調所は改革の出発点においいて、趣法方の役局組織とその掛り役人を活用した。彼の国元における代理者ともいうべき三原藤五郎も、また影の形に添うごとく働いた用人高崎金之進も、そのほか重田郷左衛門・猿渡彦左衛門・中村源助・宮里八兵衛・美代藤助など、錚々《そうそう》たる利け《き》者は、みな趣法方の出身であった。

調所は改革の推進母体として、従前の役職とは別格の「御内用掛」という役職を特設した。御内用すなわち君公の内意によって指揮するのだから、万事に好都合であった。それのみか御内用掛には、前記の趣法方出身の有能者はもちろん、下級士、郷士、町人の区別なく有能な人物ならどしどし抜擢した。

行き詰まった藩政の改革には、門閥や格式は役に立たぬ。彼が重用したのは海老原宗之丞清凞のように、多年卑職にあって経済に明るいものであったし、また町人たちであった。浜村に対する全幅の信頼、また、重久の家禄千石の町奉行への抜擢、加藤平八以下五人の御内用掛任命など、彼の改革の成功した理由は、格式を破った人事――特に町人の手腕の活用――という点にあるといっても過言でない。さればこそ、海老原から「調所さんは人を見る目があった。人をそれぞれの役局に任用するやり方が、一般とちがい非凡であった。……だから人々は用いられることを競望し、みんな自分自分の才能をフルに働かそうと励んだから、改革の事業も大成功をおさめたのだ」と称せられたのであろう。

図3 天保度改革組織図

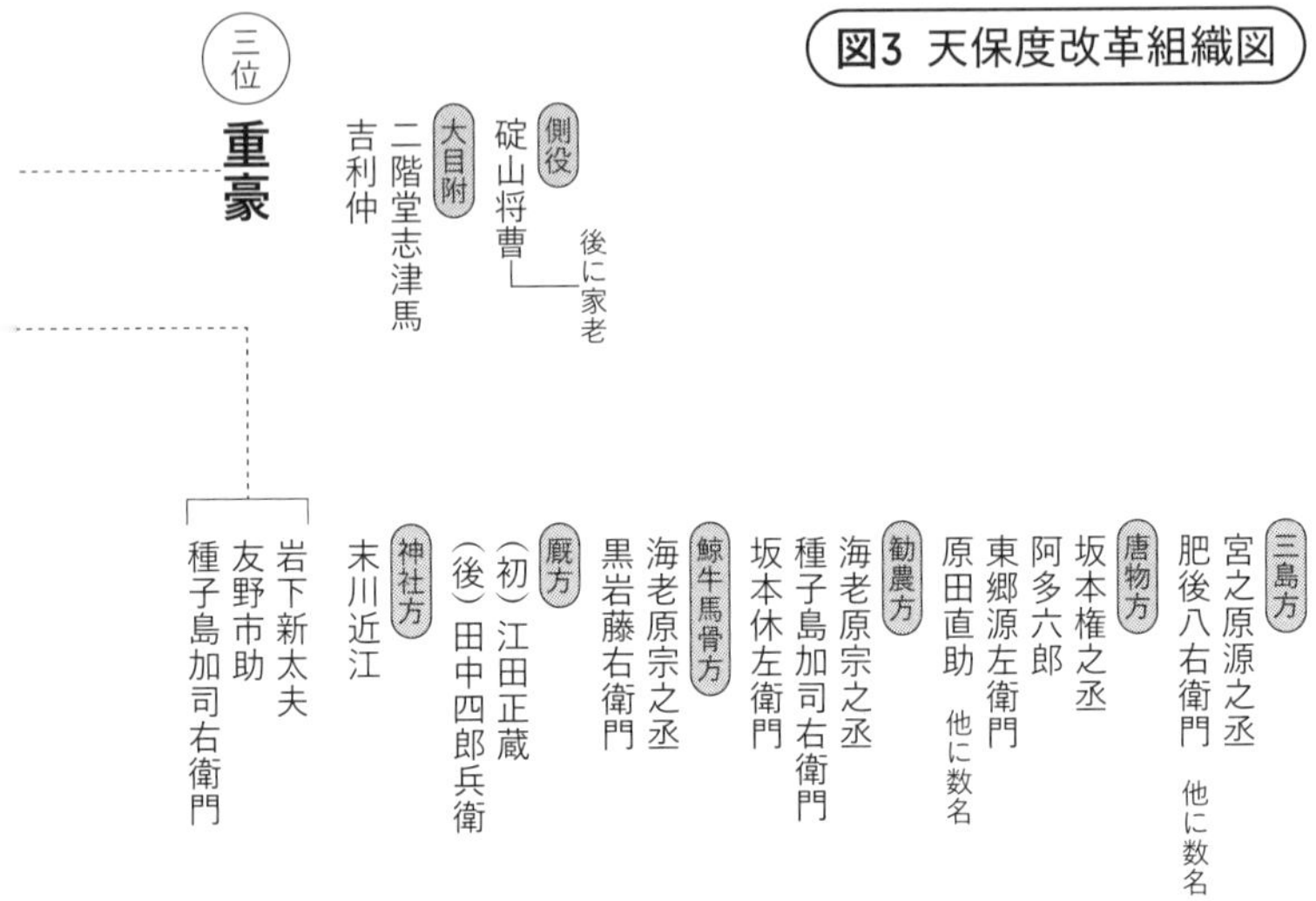

冗費削減と橋・河川等の整備

さて財政の再建については、冗費の節減と国産開発の両面の手当てが必要である。

まず冗費の節減について、真っ先に大改正を加えたのが御作事方の費用である。営繕費用は藩費の半分以上に当たり、しかも手続きが煩瑣で無駄が多かったが、営繕の手続きを思いきって簡略化し、材木その他の買物などは直接買いに改めたりしたから、どの工事も見積りよりかなり安上がりになった。

しかし彼の方針は支出の合理化にあったから、天保十一年（一八四〇

宰相 斉興
家老書記 (初)大迫源七 (後)染川喜左衛門
改革方随従 高崎金之進 海老原宗之丞 天保10年より在坂

調所笑左衛門
三原藤五郎
金方 (初)猿渡彦左衛門 (後)美代藤助

森川利右衛門 海老原宗之丞 坂本休左衛門
軍役方 海老原宗之丞 得能彦左衛門 軍賦6人
練兵所 成田正右衛門 後組頭6人
大小銃砲鋳成所 滝之上火薬所 火薬蔵 田原直助 他に数名
織屋 川畑清右衛門 西京織師雇下シ 養蚕方
木綿織屋 重久佐次右衛門
曾木川浚 海老原宗之丞
甲突川浚 海老原宗之丞

年）までには江戸六十件・京坂三十三件の御作事を果たし、そのほか長崎や国元の営繕を加えればおびただしい支出をしている。改革中に支出した営繕費用は概算二百万両に及んだとのことであるが、当時の人々の利便となったことはもちろんで、例えば諸郷の御仮屋・御休場・堂社の修補は郷民の負担であったから、その患から解放された。道路・河川・橋梁の整備については、今日なお鹿児島・宮崎二県にその遺構も多く、人々は、天保の改革といえばすぐに城下の名物西田《にしだ》橋など甲突《こうつき》川に架せられた五大橋と有名な北薩の曾木川《そぎがわ》開通の数え歌を思い浮かべ、名工岩永三五郎《いわながさんごろう》の業績をたたえる。

三五郎は肥後八代《やつしろ》の生まれ、鹿児島では今に伝説的に尊敬されている名工で、城下甲突川の武之橋《たけの》・高麗橋《こうらい》・西田橋・新上橋《しんかん》・玉江橋《たまえ》の五大橋をはじめ数十の堅牢無比な石橋をつくった。そのほか、鹿児島港の波戸《はと》・祇園下の築地・天保山台場を建設し、新田の干拓と修補、甲突川・川内川《せんだい》上流の大改修など枚挙にいとまがないくらいで、極言すれば天保の改革で今日の鹿児島・宮崎二県の土木営繕の事業は成ったというべきであろう。

海老原の話によれば、三五郎は筆算は拙かったが大体の数は一目でつかみ、非常に技術に秀れていた。初めのうちは、仕事が一見粗雑なように思えて心細い感じがした。初めて永安橋《えいあん》を架けるとき、一夜大雨なので不安になって海老原が現場に行って見ると、河中にうごめくものがあり、やがて水中からポカリと人の頭が出た。見ると三五郎だ。どうしたのかとたずねると、実は橋の底石の検査をしたのだが大丈夫だと笑った。彼のすることは万事この調子で、今日なお工事に粗漏がみつからない。賢明にも調所は彼を厚遇して、阿蘇鉄矢・山田竜助・田中源次郎・原口孫之進らにその秀れた技術を伝承させた。今日鹿児島の石工は小野《おの》・伊敷《いしき》あたりが有名だが、西田橋の根石が小野石を初めて使っているところから考えると、このときが小野石および小野石工の始まりらしい。彼の名声は神秘化されて、帰国の途中で藩内工事秘密の漏洩を防止するため暗殺されたという俗説が一般に信ぜられている。事実は全く逆で、嘉永二年多くの金品をうけて郷里に帰り天寿を終えた。

さて城下を貫流する甲突川は、毎年のように氾濫し、洪水のたびに木橋が流され、人家の便所も井戸も水浸しになって、洪水後はきまって疫病に悩まされ、士民の難儀・財政の損失は大きいものであった。対策として河川を改修し石橋を架設しようと企てたのが調所で、新上橋から下の川幅を定めて測量したところ、川筋が曲りくねっているので、侍屋敷の祠堂地《しどうち》を欠いたり、はなはだしい場合は屋敷の半分以上も欠ける家がでてくる始末。そこで当時青壮年に人望のあった弓剣の師家東郷弥十郎・同佐七郎を主任とし、老巧な郡奉行今井角太郎にも関係させて、見事に世人の苦情を乗りきった。かくて洪水・疫病の難も去り、五大橋が架せられて、今なお美観と実用を誇っている。そのときの川浚《かわざら》えの土砂で川口につくった埋立地が天保山地区である。

曾木川の開通も有名なもので、今日なお工事の難儀をうたった数え歌が残っている。菱刈《ひしかり》七ヵ郷がひどく疲弊した理由の一つは、御蔵が宮之城《みやのじょう》にあり、上納には天堂《てんどう》ガ尾《お》の難所を数日がかりで行かねばならぬことがあった。宮之城―菱刈間の川内川も、岩石重畳《ちょうじょう》たる轟《とどろ》の瀬の難所があって、とても舟航はできなかった。大口郷士年寄堀之内良眼《りょうげん》坊らの願いにより、天保十三年から一年がかりで、さしもの難工事も完成、長く北薩の士民の救いとなった。彼はほかに小林川を疏通《そつう》し、踊川《おどりがわ》（霧島）の疏通・大隅運河の開通（高山郷波見《はみ》から鹿児島湾の高須《たかす》間）を計画したが果たさなかった。この大隅運河計画は調所の財政計画のスケールの大きさを見る上に大変面白い。

御作事方の改正の次に、厩方の冗費節減も解決した。牛馬は古代以来三州の特産であって、吉野牧《よしのまき》・福山牧《ふくやままき》をはじめ多くの公営牧場があったが、民間における飼育もきわめて盛んで、領内からのぼる牛馬税は相当な金額に達していた。ところが改革前は牛馬役所の御厩は大変に国費を食う役所で、いろいろな不正や粗漏が多かった。調所は江田正蔵はじめ御厩役人を厳選し経理を整えたので、逆に益金が出るようになった。

彼はまた御買物蔵を特設して会計の粛正・合理化を図り、諸品購入上の冗費節減に努めたが、蔵々出納の取締りを厳重にしたことは、財政上も庶民のためにも大いに益するところとなった。従前は、江戸の御進物蔵・御台所蔵、京坂・長崎・鹿児島の諸蔵、諸郷の出物蔵・米蔵その他あらゆる蔵という蔵には、百年来いかがわしい習俗があってロスが大きかった。下代《げだい》・蔵役人・手伝などがいろいろと不正の手筋を企てるものだから、その度に吟味して取締りを強化するのだが、それはそれでまた不正手段を新しく工夫して、いくら厳罰に処しても懲りずに重罪者が後を絶たない。調所は出納方法を一新して、一切の手形を御趣法方へ提出させて、ここで検査のうえ許可する方法をとった。そのうえまた御蔵の出納は、その心得の深い者を選んで見聞役として監察させたから、さしもの〝黒鼠〟も根絶することができた。

調所の節約政策は、領内の出家社人らの住職または加階昇進のための上京、あるいは諸所の輪番や本山法要のための上京などの費用にもおよんだ。時口短縮の便を図るとともに、思いきってその簡略化を図ったので、巨額の旅費の節約になった。参勤交替の旅費の節約に至っては誠に合理的なもので、島田《しまだ》・金谷《かなや》の両宿や伏見の過書座《かしょざ》に資金を貸与して、低利の代償として無料で大井川を渡してもらったり、淀川下りの利便を得ることができた。

南西諸島と大坂間の海運大改正

彼の節約政策は、単なる経費の節減を目標とするものではなく、合理的なコスト切り下げと軍備の用も兼ねた積極的なものであった。この性格を集中的に表すのが、南西諸島と大坂を結ぶ海運の大改正である。

これまで日向米や林産物の大坂運送には他領船を雇っていたが、船主どもが横着になり拒絶することもあった。見聞役をやって頼むと、今度は不当な運賃要求をする。こんな次第で大坂の商機が遅れたりして大変不都合であったから、文政十二年（一八二九年）、日向方面で運送船五、六艘を造立する方針を定め、御趣法方書役・御徒目附兼役の者を一人造船掛りにした。ちょうど財政困難で藩費を出せぬので民間に出費させることにしたが、あいにく日向の四ヵ郷の町人たちが疲弊していて、とても町人たちの自力造船は難しかった。しかし熱心に藩の方で説諭して、やっと十六反帆の御船二艘と、高岡町の船四艘、合計六艘を造船した。それからは米の運《うん》漕《そう》を大坂へ二度ずつ、それがすんだら、江戸御用材木積船を勤めさせたり、あるいは山川へ廻航して菜種子積船や砂糖積船を勤めさせることにしたので、大変な利便となった。

しかし米を大坂へ運送した後で、南西諸島の砂糖積みに廻したのでは時期遅れになるから、やむなく大部分は長州・防州や阿州（阿波）の借船を雇った。ところがこの船主たちが怪しからぬ者どもで、積荷の抜取りをやるが、他領者なので処分もできぬ。しかしそのまま放任しては、せっかく薩摩国産の人気がよくなった矢先に、斤目《きんめ》不足などのためたちまち人気はガタ落ちすることはわかりきったことだ。

そこで天保十年（一八三九年）、町人に造船資金を下附して、重富《しげとみ》で御内用掛・山奉行・三島《さんとう》方《ほう》掛（三島＝大島・喜界島・徳之島）の役々が助けて四艘の大船を建造した。うち冨徳丸・冨吉丸の二艘は御米積船として、大坂へ三度上下させることにしたが、二艘とも特別船足が早かった。また、冨福丸・冨長丸の二艘は三島へ廻し砂糖積船にした。この四艘による運送は、第一に積荷の荷減りの防止になり、第二には運送期間の短縮となり、他の船々の天候を口実にした不正の取締りにもなった。

米だけでも一万八千石、黒糖七百万斤、その他の国産を日本の最南端から運送するのだから、民有船の船腹増加に力を注いだ。改革以前は島登りなどわけて難破が多く、かつまた船主たちも資金不足に悩んで、よほど浦船が減少していた。そこで彼は三島方へ資金を備え、信用ある船主だけに低利融資をして造船を助け、南島上下の運賃で返済にあてさせることにした。いずれも十八反帆の大船で運送日数の短縮になった。

2 さまざまな物産開発と流通改革

国産品開発への情熱

国産の開発こそ、財政充実の本道である。調所はたとい充分に成果をみなかったにせよ、煙草・椎皮・椎茸・牛馬皮・海人草・鰹節・捕鯨・櫨木《ろぎ》・硫黄・明礬《みょうばん》・石炭・塩・木綿織物・絹織物・薩摩焼などあらゆる物産の開発に手をつけた。

ここで注目に値することは、第一に、あらゆる物産開発について、有能な町人を抜擢していることである。例えば林政については酒匂五郎兵衛、肥料については指宿《いぶすき》の黒岩藤右衛門、牛馬皮・海人草については加藤平八、櫨蠟《はぜろう》については桐野孫太郎、硫黄については薬師甚左衛門、昆布等の俵物については浜崎太平次、櫨木については桑原次郎左衛門、ことに木綿織屋については重久次右衛門を総裁とし、川井田藤助・長倉猪八・同源左衛門・谷山甚左衛門、絹織物についでは川畑清右衛門などを抜擢して当たらせている。

それのみか、絶えず先進地の技術に範を求め、優秀な技術者を招いて技術の開発につとめた。土木の岩永三五郎、近江の養蚕女教師、西陣の織師、三池の坑夫、筑後松崎の接櫨培養師、中国路の蠟師、阿波や大坂の藍師などがその例である。

また旅中でも絶えず諸国の物産について知識を求めた。天保十年、長崎への途中、肥前大村の宿屋の亭主から山野にも適する楮《こうぞ》の良種のあることを聞きつけ、直ちに出水の伊藤伝後左衛門らに楮の苗買入れや植栽法の伝授をうけさせ、また大坂の木之部村の植木屋からも詳細な伝授をうけ、国元へ知らせた。また中国路では自分で蠟屋へ立ち寄りいろいろ聞いている。

専売制強化による百姓の離散

次に注目すべきことは、流通過程の徹底的な合理化を図っている点である。一般には、天保の改革から砂糖の惣買入れ制度をはじめ、諸国産の仮借なき搾取が開始されたように誤解されているが、すでに改革前から始められ、明和・安永と文化・文政の重豪時代に極点に達していた。背に腹は替えられぬ式に、目前の財政困難を糊塗《こと》しようとして、手当たりしだいに直接ないし間接の専売制度の網の目で民利をすくい取り、ついに民力の根幹を枯らした。その結果が百姓の離散であり、潰れ村や人口の減少として現象化する（表4、5）。

佐藤信淵は、「貴藩の人は、東国や奥州のように小児の間引きがないと自讃しているが、その代り堕胎が多い。これは目糞が鼻糞を笑うようなものだ。嘘と思うなら四、五十年この方の人口を見られたらよい。私は天明六年（一七八六年）と文化二年（一八〇五年）に貴国を遊歴したが、この二十年の間に人口の減少した村はあるが、増加した村はなかった。百姓をいたわる政治をしなければいけない」と苦言を呈している。もう少し具体的に庶民の窮状に立ちいって述べよう。

藩財政の雛寄せを集中的に受けた奄美《あまみ》の島々の窮状はひどかった。安永六年（一七七七年）、勧農使として下島した得能《とくのう》通昭は、「腰を下して足を洗うべき家もなく、民の有様は朝夕の食に悩み、磯の藻屑を食し、喉の渇《かわき》を湿《うるお》すさえ難しい」と驚き、喜瀬《きせ》の村に到ったときなど、立ち寄って休むべき家もなく、空腹をかかえて引き返さざるをえなかったと述べ、「今日不図《ふと》に人のなやみぞ知られける、行くことも難き己がつらさに」と嘆息している。あたかも薩摩藩の製糖工場のようになって荒廃した奄美の島々は、もう搾取の限度にきていたのである。「南島雑話」は「佐念《さねん》村朝戸《あさと》村の両村は、今では人家はなく、男女みな借財のために他村につれてゆかれて、耕地だけが残っている無人村であるが、これは享保年間このかたの現象である」と述べ、その他にも多くの廃村名をあげている。

表4 薩摩藩の人口の推移（　）内は増減

	薩摩	大隅	日向	計
宝永3年〈1706〉				213,169
明和9年〈1772〉	204,256	129,714	38,792*	372,762（+159,593）
寛政12年〈1800〉	179,947（−24,309）	98,905（−30,809）	37,335（−1,457）	316,187（−56,575）
文政9年〈1826〉	191,038（+11,091）	92,170（−6,735）	36,234（−1,101）	319,442（+3,255）

*……都城を含まず

表5 薩藩領内三州野町人口表 〔専売制実施の弊害の端的な表現〕

年代	野町人口			総人口	
宝永3年	上・下・西田町	7,023		461,961（歴代制度巻6）	
	外城岡町	9,326			
享保11年	上・下町	6,408	7％増（66年間）	316,544（大御支配次第帳）	37％増（66年間）
	外城野町	9,864		在郷・野町・上下町・浦水手並塩屋・寺門前男女のみの数	
明和9年	三町	5,737			
	横井野町	104			
	薩摩野町	3,799			
	地頭所	3,220			
	私領	579			
	大隅野町	3,751	10％減（28年間）	634,873（要用集抄）	2％減（28年間）
	地頭所	3,484			
	私領	267			
	日向野町				
	地頭所	3,046			
	私領	記事ナシ			
	外城野町総計	10,596			
寛政12年	三町	5,185			
	横井野町	115			
	薩摩野町	3,206		623,361（薩・隅・日・琉球諸島人口留）	
	大隅野町	3,431			
	日向野町	2,870			
	外城野町総計	9,507			
文政9年	三町	4,941	5％増（29年間）		4％増（29年間）
	横井野町	153			
	薩摩野町	3,419			
	地頭所	2,886			
	私領	533			
	大隅野町	3,596		646,925（薩藩政要録6）	
	地頭所	3,425			
	私領	171			
	日向野町	2,993			
	地頭所	1,595			
	私領	1,398			
	外城野町総計	10,008			

このような農村の分解は、本藩領内の百姓にも共通の現象であった。「御検地門割方《かどわりかた》諸願書書留帳」によれば、吾平《あいら》郷上名《かんみょう》村は明和七年（一七七〇年）には、「一村の門屋敷《かどやしき》（農民を強制耕作させる単位の組）九十のうち、実に禿《はげ》門十七、半禿門二十七、合計四十四」で、村の半数の農民の耕作単位が亡びつつあった。これは百姓が年貢などにつまって身売りするからであるとなし、借財は五年間は返済するな、その後少しずつ返すようにしたらよいと厳命して、精細に身売り奉公人を調査のうえ帰村させた。

ところで藩の上層部でいかなる利益があるにせよ、それを身に受けて実際の局に当たるのは、諸郷の郷士年寄らであり、雛寄せをこうむるのは農漁民であった。しかも郷士らは、自らも一人の農漁民の立場におかれ、自活自営していた。そこで高山郷士年寄伊東嘉太郎は、暗に重豪を批判して、その酷政を手痛くこきおろした。

「胡麻・菜種子・たばこ・藍等の産物をわずかばかり作り出しても、藩庫に御買入れになり、余りはすべて一手買の請人《うけにん》があって、彼らはお上への営業税を笠に着て買値を勝手に安くするから、作人はきわめて不利な立場になり、もう馬鹿馬鹿しいから作り方をやめる者が多くなった」「これは商売とて同じことで、御国産の品物の過半は藩庫御買入れになり、その余についてはすべて一手商売の請人がある。一手請にもできぬ性質の商品については肩取ということが始まり、酒・焼酎類の日用品を始め模合掛銭《もあいかけぜに》のごときものに至るまで、なんでもかんでも人の利潤を中間で奪い取る請方が流行している。だから商人が商売できる物といったら米よりほかにないから、すっかり家業はあがったりになっている」

伊東はさらに、「藩の窮状につけこんで、貪官《どんかん》汚吏や御用商人どもが、御国益という名目をたて色々な辞柄《じへい》（口実）をもうけて専売制度にしているのだ。だから経済や地方の実情にうとい藩の上層部で御考えになっている趣旨とは裏腹に、庶民を苦しめ、それがはね返ってお上の損失になるのだ」と鋭く分析している。伊東のいうごとく、まことに「穴だらけの統制」であった。

さまざまな国産品の流通合理化

これに反して調所の改革方法は、農政の改正を断行して生産の合理化を図りつつ、流通過程の合理化に力点をおいたことに特徴を求められる。以下代表的な薩摩の国産について、調所のとった巧妙な手段を述べよう。

米については、二十余名の受持郡奉行を任命して農事の指導監督に当たらせた。特に施肥除虫に骨粉・鯨油を用いるようにさせ、また脱穀調製には唐箕《とうみ》を初めて用いさせるようにした。改革以前の米俵の作り方は粗悪を極めて落散米が多いので、堂島《どうじま》では薩摩の落散米の掃除の権利金は数十両で売買されるくらいだったから、薩摩米といえば最下等の相場であった。調所は内実を多くし、そのうえ肥後にならって俵作りを丈夫にし、俵の胴をしめるのには器械を用いさせるようにした。その結果は表6のような好結果をもたらした。

菜種子は、改革前は土石混じりで俵作りが粗悪なため洩れ実が多かった。改革後は、唐箕や千石通しなど、まだ薩摩藩の農民が見たこともない道具を大坂から買い下して菜種子を精選させ、紙袋に入れた上を丈夫な俵で包んだから、大坂市場の極上品となった。海老原は生産額を、

表6a 大坂仕登せ米（文政年間）

年次	仕登せ米額（石）	1石につき価銀（匁）
文政元年	18,650	43
2年	19,910	34
3年	23,150	40
4年	22,350	49
5年	23,788	49
6年	16,413	56
7年	15,500	52
8年	13,827	66
9年	12,840	50
10年	15,910	49
11年	13,757	78
12年	10,440	63
文政年間年平均	17,211	52

表6b 大坂仕登せ米（天保年間）

年次	仕登せ米額（石）	1石につき価銀（匁）
天保元年	11,510	76
2年	8,530	70
3年	12,998	82
4年	7,583	112
5年	12,328	74
6年	15,725	99
7年	12,163	153
8年	16,726	111
9年	12,672	111
10年	15,000	72
以上10年間年平均	12,523	96

天保4年後の全国飢饉・領内凶作の影響が見られるが、売払価格の上昇は、主として農政改正の結果である。

表7　大坂仕登せ菜種子

年次	仕登せ高（石）	1石につき価銀（匁）
文政 3～12年平均	3,275	61
天保元年	4,152	57
2年	3,726	66
3年	4,000	77
4年	4,000	92
5年	4,000	102
6年	4,000	100
7年	4,000	111
8年	4,000	108
9年	4,021	96
10年	4,000	94
天保 3～10年平均	4,002	97

あるいは二十万石といいあるいは十四、五万石といっているが、後者が妥当であろう。

もともと菜種子の生産は、地売りの商人が他国から仕入れて来て作人に前貸しし、その代わりに翌年菜種子で決済する方法でつくられていた。しかし薩摩藩では、寛政四年（一七九二年）一月に惣買入れ制を申し渡し、作人と商人との取引を禁じた。ために商人が肥料の前貸しをしなくなり、自然、生産が減退した。そこで藩当局も大譲歩せざるをえなくなって、上納と御用油屋の年間需要内の買上げのほかは、自由販売でよろしいと緩和した。

ところが調所は、「牛馬鯨骨方」の一局を特設して、指宿の黒岩藤右衛門なる海商に支配させ、ふんだんに資金を備え、利益をみないトントンの計算で骨粉を配給して、菜種子の買上げに成功したのである。菜種子（農民）と肥料（商人）との農民的生産構造を、領主的生産に切りかえた巧妙さは見事である。それにもまして、流通過程において薩摩菜種子の値段をあげた手腕も見事といわざるをえない（表7）。

薬種は、領国が亜熱帯圏的であったから、全国に冠たる上品を産した。早くから「薬園方《ほう》」の一局を設けてあったが、さしたる成績をあげていなかった。そこで天保七年以後、旧弊を改め、薬園奉行に適任者を選び、また新支配人に旧支配人の滞納銀を肩代わりさせて販売を請け負わせ、綿密な規定を作って大坂に売り出し、余りは近国売りまたは御国用にした。調所はずいぶん熱心に、自ら京都の物産医内藤剛甫について薬種事情を聴聞し、また大坂道修町《どしょうまち》の薬店の取引事情についても調査した。このため大坂には専任の掛り役人を置いて商務を工夫させたところ、百貫目以上の利益をあげることができた。この分では将来有望な財源となるから、適地栽培に力をいれることにしたが、副効果として採薬は窮民の収入源ともなった。

櫨蠟の増産と品位向上には、非常に力を注いで、次ページの表8のような成果をあげた。改革前の蠟は、ことに劣等品で安値にしか売れなかったが、天保七年より前の時分、桐野孫太郎に随従を命じて中国路で蠟屋について詳細に技術を伝習させ、蠟師も招聘して皿居え蠟《さらす》（皿に据える蠟）をつくらせた。その後京坂の蠟屋から晒蠟《さらしろう》の製法を習わせたりしたが、調所はたびたび桐野の製造所を訪れて視察する熱心さであった。かくて方々でも桐野を見習って製法を改良したから、年商国産の品位が上った。

表8a 大坂仕登せ蠟（文政年間）

年次	仕登せ高（斤）	1石につき価銀（匁）
文政 2年	575,321	0.96
3年	469,543	0.71
4年	215,139	0.93
5年	372,413	1.10
6年	87,358	1.03
7年	386,092	0.92
8年	238,520	0.79
9年	267,401	0.89
10年	261,798	1.08
11年	244,017	1.14
12年	241,074	1.48
11年間年平均	305,334	1.00

表8b 大坂仕登せ蠟（天保年間）

年次	仕登せ高（斤）	1石につき価銀（匁）
天保元年	166,621	1.63
2年	279,691	1.63
3年	170,550	1.74
4年	374,442	1.79
5年	221,454	1.87
6年	330,537	1.92
7年	363,563	1.76
	（ほかに野田蠟）10,482	1.97
8年	155,171	1.88
	（ほかに野田蠟）10,600	1.93
	（ほかに皿居え蠟）25,907	1.96
9年	134,546	2.32
10年	117,414	3.57
	（ほかに皿居え蠟）11,600	4.52
11年	238,486	3.38
	（ほかに皿居え蠟）25,758	3.50
11年間年平均	239,711	2.13

櫨の強制耕作

ところが、本土の農民第一のわずらいは櫨・楮・漆の三種の栽培であり、「親の仇より憎い」と怨まれていたものである。元禄の頃から財政の補給源として、家老禰寝《ねじめ》清雄が領内一般に植栽させたが、「将来財政回復の折には、強制耕作は廃すべきである」と遺戒したといわれるほど、農民の重い負担であった。

それなら、なぜ櫨を耕作者が嫌ったか。櫨の植栽が厳罰主義で面倒だったうえに、実の上納がとりわけ面倒だったからである。つまり櫨の実上納の時期に当たる九月（旧暦）から十一月の間は、米・粟・唐芋・蕎麦《そば》の収穫期と重なり合い、猫の手も借りたい農繁期だ。米の取り入れを一日遅らせると、一晩に一、二反分も収穫を鳥獣にやられるし、唐芋の取り入れはわずか一日の違いで雪雨に遭おうものならたちまち二百俵も三百俵も腐る。また粟は成熟後ほっておいて大霜や西風の害に遭おうものなら、一晩のうちに落ち散ってしまう。蕎麦も初霜に遭えば茎がダメになるから三日以内に刈り乾さねばならぬものだ。これらの諸作の収穫をフイにしたら翌年は飢死しなければならぬ。それなのに三日に二日は櫨の実採取に呼び出され、一日は家《うち》の収穫にかかろうとすれば、割り当てられた田畑の櫨の実採取をせよとのきつい命令だ。

かくて百姓は租米や食料を損亡して苦しみ、その結果、百姓が減少し領内の三分の一は荒地化した。櫨の強制耕作が、どれほどお上の利益になるか知らんが、国全体の利益から見たら損ではないかと、郷士や百姓は強く不満を抱いていた。だが庶民の怨嗟に目をつぶって、櫨の耕作は強制された。

出水の伊藤家には櫨の植栽について百姓の五人組連判書が残っている。櫨は通例の地畠では五本に一本の割か、あるいは十本に一本の割ぐらいで成り実のよい木があり、老木や悪木は収穫がないものだ。百姓が悪木と名付けて櫨の木を伐るのを折から通りかかった調所がさしとめたという話が残っている。調所は先進地の筑後松崎から接櫨の上手を招聘して櫨木栽植の指導に当たらせたくらいに、櫨蠟の増産に力を注いだ。

琉球鬱金と朱粉の密売対策

流通過程の合理化の妙を発揮したものに、琉球鬱金《うこん》と朱粉がある。

まず琉球鬱金は、文字通り薩摩の特産物で、改革以前は値段も安かった。安値の原因を海老原に探究させたところ、茶碗屋甚兵衛という鬱金通に出会いいろいろ事情を検討した結果、密売品が脇方から市場に流れこむからだと判明した。

そこで沖永良部島・大島・喜界島・徳之島その他の島々の鬱金は残りなく抜き棄てさせ、琉球内の一定の場所にだけ栽植させ、そのうえ製法に念を入れさせ、特に密売を厳重に取り締まることにした。京坂の需要地でも密売を取り締まり、なおまた売り渡し方法を変えて、一斤十五匁の独占価格でおしとおした。すると天保九年ごろから、京坂のストックも底をついて売上高が格別に上昇し、今まで藩庫に貯蔵していた数万斤も残り少なになったから、天保十一年の冬には琉球へ増産命令を出し、以後は年々三万斤ずつの出荷にした。この三万斤の代価が七千五百両に上るのだから、じつによい財源となった。

朱粉は琉球から入ってきたが、極上品として貴重なものだった。その払下げ方法も定めてはあったが、一向価格が上がらない。その原因も、結局は密売者の脇売りのせいであるというので、密売の徹底的取締りに乗り出した。なにしろ極《ご》く小さな品物だから取締りに苦労する。それでも琉球からの船は、山川で隅から隅まで調べあげ、隠密を放って国元・江戸・京・大坂くまなく取り締まったから、密売はようやくやんだ。天保九年には江戸で、同十一年には大坂で朱座を開いたが、ともに好成績で一万俵（五千八百十二斤）代銀五千五百八十両を得た。以後は年々四、五千包ずつの払下げにし、年間二千五百両から三千両の収入となった。

3 黒糖植民地、奄美三島

江戸中期ごろまでの黒糖専売

薩摩藩のドル箱は、なんといっても奄美の黒糖であり、黒糖の惣買入れ制度を抜きにして調所の改革計画は立てられなかった。しかし砂糖の惣買入れ制度そのものは、すでに安永六年（一七七七年）に開始されていたのである。往々にして、天保の改革で創始されたように考えられているが、後にみるように、生産量としてはむしろ改革以前の方が大きいくらいである（一五六ページ表10参照）。それにもかかわらずほかの国産を合わせて年間十二、三万両の収益しかあげられなかったところに問題があった。それを見事に解決した点に天保改革の特色があるが、天保改革の黒糖専売の特色を理解するために、改革以前の黒糖専売について述べる必要があろう。

奄美諸島が琉球王朝から分離して薩摩藩の直轄地となったのが慶長十四年（一六〇九年）で、一般には黒糖の伝来もその頃とされている。すなわち、大島大和浜《やまとはま》の人直川智《すなおかわち》なる人が、沖縄への朝貢船に乗り渡航中颶風《ぐふう》（強く激しい風）に遭い、南中国の閩《びん》（福建省）に漂着して滞在すること一年余に及んだ。帰国の際ひそかにフタバコ（旅行用箱）の底を二重とし、土を入れ甘蔗《かんしょ》（サトウキビ）の苗を隠して持ち帰り、金久《かねく》西浜原に植えて黒糖百斤ばかりを得たという話である。

しかしこの伝説は実証に乏しいもので、薩摩藩が初めて「大島黍検者《きびけんしゃ》」を置いてその生産監督に当たらせた元禄八年（一六九五年）からほど遠からぬ以前に黒糖の伝来を求めたほうが穏当だろう。

元禄十年以後には黒糖生産も普及したらしく、それに応じて薩摩藩の方でも本格的な搾取体制を設けるにいたった。「黍横目」（甘蔗を人頭に割り当てて蔗苗を植えさせ、専ら黒糖の増産を司る監督官。最も恐れられていた）、「津口《つぐち》横目」（港の監督官。主として黒糖の密輸を監視し、そのほか他国船異国船の出入りの見張りをする役）、「竹木《ちくぼく》横目」（黒糖樽用の榑木《くれぎ》そのほか竹木の繁殖を図り乱伐を監視する役）等の、諸横目を置くようになった。享保十九年（一七三四年）には、徳之島にも黍横目を置くようになったが、徳之島の黒糖生産もこのころ軌道にのったのであろう。

これら諸役は島の上層階級の人をもって充て、自縄自縛《じじょうじばく》にする巧妙な仕組みであった。努力は実って正徳三年（一七一三年）には、黒糖の大坂積登せが始まり、享保年間には三島（大島・喜界島・徳之島）黒糖の大坂蔵屋敷入札販売制が始められ、入札仲買人六組制度が実施されるまでになった。

黒糖収奪の強化と斉宣の仁政

思うに薩摩藩統治の前期（享保ごろまで）は、干渉も緩やかで、黒糖生産は奄美の農民的商品経済を発展させつつあったのであろう。「大島私考」にいう「大島の百姓往々栄ゆる」姿、すなわち農民的商品生産の萌芽を見て、延享二年（一七四五年）、藩では「換糖上納令」を公布した。換糖上納というのは、租米の代わりに黒糖を納めることである。

これを皮切りに次々に黒糖収奪の手段が強化されたが、宝暦八年（一七五八年）の砂糖樽取調べ、同十二年の黒糖一斤代米三合換えの酷令などがそれであった。この延享の換糖上納令は、島民経済の画期的転換を意味するものであって、このとき以来、農民的商品経済の芽は摘み取られ、疲弊現象が見られ始める。まず重豪治世の宝暦五年に凶作の記録が初めて見え、徳之島では三千人が餓死した。その後は無数に、かつ定期的に凶年・疫病・一揆の記録が現れるが、これは薩摩藩本土においては稀有の現象であり、奄美諸島に対する植民地的収奪の端的な表現とみてよいだろう。

だが最も決定的に島民経済を圧迫したのは、安永六年（一七七七年）の第一次黒糖専売制度であった。このとき、およそ生産上の妨害になる一切の古代的家族社会の風習を徹底的に破壊して、社会を一変させ、ひたすらに島民を黒糖生産に向かわせて、その全余剰の収奪を図ったのである。
そのためには、島民の遊日の制限を令し、またこれまで島民の統治にその権威を利用してきたノロ（奄美の古代的固有信仰における巫女）を、徹底的に弾圧することにした。それはノロやユタ（民間の口寄せ女）が、さまざまの迷信、例えば「ここは神山だから開墾してはいけない」と呪ったり、日の吉凶をいったりして、黒糖増産の障害化しつつあったからである。余談ながら、この安永の大弾圧以来、島の上層階級は一族で独占していたノロとの結び付きを断ちきって、下層民に押しつけ、一家の安定を図ったよしである。やがて天明七年（一七八七年）に斉宣が藩主となるや、三島砂糖惣買入れの悪政を中止し、買上げの分は黒糖一斤代米四合換えに改正した。

安永年間、勧農使として下島した得能通昭は、次の三ヵ条を建策した。
一、従前過重に甘蔗栽培を強制し余りに耕作の自由を束縛した方法を改め、これを一定量に限り、その範囲は時宜に従うようにすること。
一、甘蔗以外にも稲・甘藷《かんしょ》（唐芋）その他各自の欲する作物栽培の余裕を与え、民の衣食を豊かならしめること。
一、御蔵米を島民に配与して常食の糧とする方法をやめること。
彼は、根本的には黒糖生産を過当に島民に強制して食料生産を抑制し、蔵米と黒糖を替える仕組みを非とし、まして代米の遅配が行なわれ、その間に奸吏の不正が介在するのはもっての外だと上申したのである。

得能の意見は、斉宣の代になって実現をみた。寛政十一年（一七九九年）に、地方検者《じかたけんしゃ》（田地耕作の監督官）が置かれたことから察すれば、常食の生産も緩和されたらしく、また代米の速配も実施されるようになった。このほか高利（約二十割）の三割引下げも令せられたが、何よりも画期的な仁政は「勝手次第交易御免」、すなわち自由売買令であった。かくて文化年間には、開墾・切換の法が盛んに行なわれて、丘上から谷底まで拓いて豊作を喜んだということだが、とにかく斉宣の世になって島民は一息ついた。

得能は「一筋に徳の力を頼みなす、此処も九品《くほん》のうてなりけり」と詠み、奄美の島民とて同じ世界の人間だといったが、彼の余徳を慕って住用間切《すみようまぎり》の某は、「いかに後々聞き給へ……にはかに替る御趣法筋、ほう年なるも今年より……かく有り難き御仕置の世に遭ふ島の民なれば……無理の仕向も無くなりて、上の御蔭の有り難き、いのち限りの務《つとめ》せよ……永代犯すな御趣法を。ひしと居候へ、得能様……」と讃美した。

豪農優遇策と百姓の奴隷化

ところが不幸なことに、文化五年（一八〇八年）の近思録崩れでふたたび重豪の治世となったので、黒糖政策も後戻りの大転換を始めた。文化十三年には徳之島の母間《ぼま》村に大一揆が起こった。文政元年（一八一八年）には、自物砂糖（島民自身で生産した砂糖）はすべて山川港で藩が買い上げると令した。もちろん一方ぎめの安値である。文政三年になると、島中の取締り役が次々に設置され、その上に佳計呂麻《かけろま》の西《にし》家などのように郷士格に抜擢される者が四家も出てきた。

もともと郷士格なる家格は、北大島の田畑《たばた》家が開田や製糖水車発明の功によって、享保十一年（一七二六年）、家禄高十二石と下人十人を与えられて抜擢されただけで、延享の換糖代納令以前においては一株だけのものだった。ついで重豪の治世に、南大島の芝《し》家が、宝暦治水以後の藩財政窮乏の補いに二十万斤の黒糖を献上した功を賞せられて、二番目の郷士格に取り立てられ、禄十四石を賜った。

芝家を皮切りにこの趨勢はなおも続き、文政八年には名瀬《なぜ》の政家《つかさ》など二株、同十年には四株、同十一年には二株というふうに増加して、改革直前の天保元年（一八三〇年）には、実に二十株にまで増加していたのである。

改革後は、さらにこの豪農優遇策が強化され、維新前までには、「代々郷士格」六十一株、「一代郷士格」五株に増加し、中には「セフタ士族」（セフタすなわち砂糖樽の上蓋の改良の功による士族）と陰口をきかれる豪農さえも現れた。いずれも黒糖献納または製糖法改良に対する奨励策であった。

これは大島一島の例であるが、ほかの島々も同様であった。彼らは代官の下で島役人を勤めていたから、その権柄《けんぺい》を笠に着て公私混淆《こんこう》の振舞いをほしいままにし、いつの間にか数村の土地を兼併《けんぺい》し、数十百人の百姓を「家人《やんちゅ》」(債務奴隷)化して豪富を築いた。

加計呂麻の渡連方《どれんほう》の村人たちは、与人《よひと》(島の最高の役人)の喜美原衆《きびはらしゅう》(衆は様と同義)が来ると、「アレアレ又ハーマや来たぞ。今度の鶏法度《とりばっと》し、ハーマやに捕られん若鶏《わかどり》ツクワは、誰《だー》が家《や》の若鶏ツクワや」(あれあれまた赤猫が来たぞ。今度の鶏の放し飼いの罰で捕えられる若鶏は誰の家の若鶏だろうか)とささやき、債務のために奴隷にとられてゆく若者たちを憐んだといい伝えている。かくて北大島竜郷《たつごう》の安脚場《あんきゃば》の集落は、南大島加計呂麻島渡連方の安脚場集落から連れ去られた家人たちによって開拓された集落であるということである。

薩摩藩内では、一種の棄捐《きえん》令を出して農村の分解を防止したが、奄美の「払棄《はれすた》り」なる棄捐令の効果は、底辺の奴隷の解放には及ばなかった点に深く注意すべきである。著者は数冊の検地名寄帳を発見したが、享保に竿入《さおい》れし、直後の延享に換糖上納令を発しているところより察すれば、奄美においても本藩領内と同様に、「門割制度」の施行を試みたのではあるまいか。そして一応は門割農民の強制耕作に黒糖生産をかからしめながらも、苛酷な収奪の結果、農民が他借をして家人に転落してゆくのに目をつぶっていたのである。のみならずかえって、農民分解の結果廃村ができたり、一豪農にして数村の土地を兼併して農民を奴隷化したいわゆる「衆達《しゅうた》」(旦那さま)たちによる黒糖生産に依存し始めたのであった。それは質量ともに、零細な門割農民の生産よりも衆達の生産がすぐれていたからである。

幕末の奄美の富農は、琉球王朝以来の系譜を誇る「由緒人《ゆかりちゅ》」であるよりも、むしろその分家または全くの新興階級が多かったが、これら無数の新興階級は、天保前後の黒糖専売に追随して自らも太ってきた人たちであった。「家稼業《やかぎょう》第一は諸鈍《しょどん》の林、二が大和浜の太《ふとり》、三が住用の住《すみ》」と唄われ、数百人の奴隷を駆使していた衆達や、名瀬の金久《かねく》あたりの衆達（これは大和ビキすなわち鹿児島役人との間の子であった）は、おおむねこのタイプである。彼らこそ天保度黒糖専売の過程で生まれ出た〝黒糖貴族〟であった。

島々は呻く。「かしゅてしゃんてな、誰《た》が為どなりゆる、大和《やまと》しゅぎりゃが為どなりゆる」（こんなに汗水たらして働いても、誰のためになるのだろうか。薩摩の武士のためにしかならんのだ）。「うしゆくガジュマル石だちご太《ふで》る、掟《おきて》・黍見舞《きびみめ》島抱《だ》ちご太《ふで》る」（うしゅくガジュマルは小石原で大きくなるが、村長や黍見舞などの島役人は島を抱いてその血で太る）。

4 黒糖専売における徹底した増収策

銀主への朱印書と三島方の設置

調所の改革の根本方針もまた、黒糖専売の利益増加におかれていた。この改革資金は莫大なもので、出雲屋名義のみでも二万両だから、新組銀主の出資額ははるかに大きいものであったろうと察せられる。しかし彼らも商人、ただで出資するわけはなく、左ページの写真のごとき朱印書を重豪からとりつけている。

「一、此の節趣法替に付いては、治定相崩れざる様心懸け、掛り役人共へも屹《きっ》と申し付け候事

一、産物の儀、時節違へず繰り登せ候様申し付け候事　一、砂糖惣御買入れの儀は容易ならざる事に候得共、別段の存慮を以て、永年相続申し付け候事　右の通り豊後守へ申し聞け、堅く取り極め申し付け候条、疑念無く相心得出精これ有り候様致し度《た》く、尤も書付の趣、江戸大坂国元役人共へも申し付け置くべく候。よって件の如し　　十一月廿一日　栄翁朱印」

「別紙の趣子十一月廿一日（文政十一年）平野屋彦兵衛・出雲屋孫兵衛召し呼び、書面の趣申し聞け、直に別紙書付相渡し置き候。後年に至り相違これ無き様相心得べき旨、江戸大坂国元役

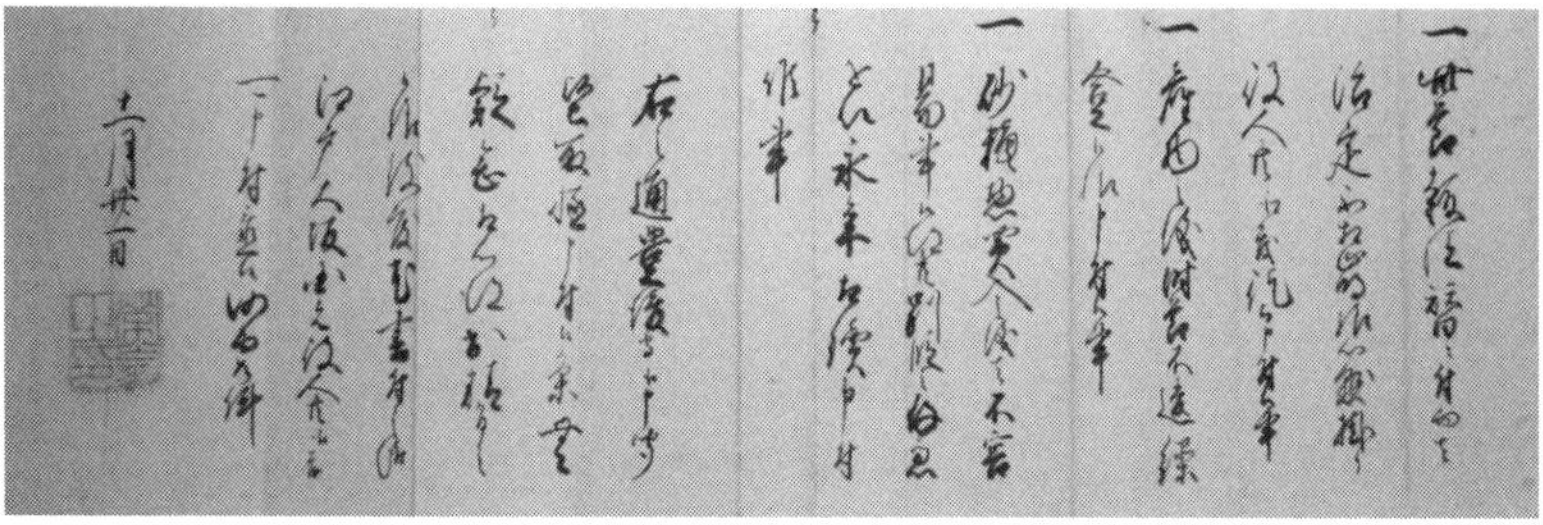

栄翁（重豪）朱印状

人共へも此の書面通り相渡し置き候」

この朱印書の包紙に、調所は「平野や並出雲やへ渡し置かれ候へ共、拙者才覚を以て取返し置き候事」と上書しているが、これで見ると、新組銀主の投資と引きかえに朱印書が下附され、あとで都合が悪いのでうまく取り返したもののようである。浜村自身が深く黒糖専売の利権に結びついていたことは前述の通りであるが、彼が周旋した新組銀主たちもまた、重豪朱印の保証書を確保していたわけだ。

かくて改革において真っ先に設置したのが、「三島方」なる役所で、初めは宮之原源之丞、次には肥後八右衛門のような島の事情に精通した者を主任とし、鹿島伝蔵が輔佐した。また農政の第一人者三原藤五郎にも関係させ、宮之原と三原の両ベテランが万事相談のうえで大小の事務を決した。代官や附役等の現地出先機関の人選には特に気を配り、宮之原や肥後が自ら代官として渡島したほどである。調所が側近に語った話によれば、「皆も知っての通りわしは奥向の出身だから財政の事を知るものか。三島の事はみんな宮原の企画と骨折りでできたことだ」ということで、三島方・代官・見聞役・附役等心を合わせて必死の働きをした。

文化二年（一八〇五年）に大島代官を勤めた本田親孚《ちかまさ》は、三島惣買入れ制について「惣御買入れという制度は、島民に商売を禁止し、黒糖を年貢に出さした残余の分についても官給の諸品と換える仕組みで、年貢の残余の黒糖も年貢同様にお上に上納することだ」と説明している。本田は近思録派の中心人物木藤武清と親しく、重豪が復政すると辞めさせられたが、惣買入れ制について「これは人君でありながら民の利をむさぼりとるのと全くかわらぬことで、恥ずべきことではないか」と酷評した。それでも、改革以前の専売は笊《ざる》のように穴だらけだったから収益もあがらなかったが、天保改革における黒糖専売は、島の裏面に精通した宮之原が立案しただけに、水も洩らさぬ周到苛烈なものだった。

独占の方法として三島黒糖の売買を厳禁し、違反者は死刑、同意者は遠島の刑に処したから、この一事だけでも庶民を慄え上がらせた。大島一島の「御定式上納分」つまり定租だけでも六十万斤に上り、「余計糖」は島民の日用品と交換する定めであった。この代物給付の方法は、毎年村の掟（村長）、筆子《てっこ》（書記）らが立黍《たちきび》を見て、各人次年度の製糖額を予定し、諸税を控除した残余、すなわち余計糖に対して、代物として受け取るべき諸品（表9）を注文させ、これを間切《まぎり》役所（大島には七間切の行政区があった）で一括して、代官所を経て三島方に達する。三島方は鹿児島または大坂で諸品を購入し島に送って各人に配当する仕組みであった。

表9 天保元年の諸品代糖表（斤）

品目			代糖
百田紙	1束		25
半切紙	1束		25
鬢付	1斤		18
皮提道具	1		18
大丸墨	1丁		9
絞木綿	1端		38
漆	10匁		6
白地木綿	1端	上	45
		下	40
縞晒	1端		80
吸煙管	1本	上	18
		中	15
小筆	1対	上	5
		下	3
風呂敷	1枚	大	28
		中	18
大豆	2斗8升		150
酒	1沸（1升）		25
油	1沸		20
煙草	1斤	上	25
		中	18
一寸釘	100本		4
二寸釘	100本		6
傘	1本		18
渋蛇ノ目	1本		60
黒傘	1本		20
鉄地金	1本		5
千草刃金	1斤		5
鍋	1丸		200
昆布	1斤		3
繰綿	1反織		25
素麺	100匁		3
蠟燭	1斤		20
桟框	1間		25
茶家	1ツ		5
米	2斗8升		142
縮緬	1端		360
茶	1斤	上	25
		中	22
小斧	1刃		30
骨打庖丁	1刃		25
合塩硝	1斤		25
火縄	1曲		3
数ノ子	1斤		10
陶朱公墨	1丁		30
雨合羽	1		60
焼酎瓶	1		200
鉛	1斤		25
煙草庖丁	1刃		15
床竹	1束		5
細工小刀	1刃		25
鰹節	1斤		20
白晒	1反		80
葛粉	1斤		15
七歩板	1間		50
尺違紙	1束		13
証文米	2斗8升		42
唐竹	1本		4
餅米	2斗8升		150
煙草切台	1		3
擂鉢	1		6
塩	1升		3
四歩板	1間		25

表10 奄美黒糖の年度別産額（斤）

年度		産額
文化	2年	約7,110,000
	3年	約7,450,000
	4年	約7,450,000
	5年	約7,800,000
	6年	約6,380,000
	7年	約7,240,000
	8年	約5,940,000
	9年	約6,834,270
	10年	約5,659,000
	11年	約6,589,700
	12年	6,755,170
	13年	—
	14年	5,657,586
文政	元年	4,223,408
	2年	約7,600,000
	3年	約5,800,000
	4年	7,015,959
	5年	約7,598,000
	6年	7,994,663
	7年	約8,571,000
	8年	約6,279,900
	9年	約5,427,500
	10年	—
	11年	7,818,099
	12年	7,812,269
天保	元年	7,652,239
	2年	5,809,700
	3年	約6,786,700
	4年	約3,389,000
	5年	約5,400,700
	6年	約6,300,000
	7年	5,250,215
	8年	5,257,690
		*5,293,000
	9年	3,992,393
	10年	5,220,323
		(5,220,311)
	11年	8,390,740
		(8,388,009)
	12年	8,460,574
	13年	5,822,271
	14年	7,813,692
弘化	元年	7,816,471
	2年	6,666,288
	3年	5,341,016
	4年	7,577,359
嘉永	元年	5,582,948
	2年	6,855,143
	3年	7,335,969

＊印は奄美史談に、他はすべて大島代官記による。同代官記は年により
二様の数字を示すことあり、その一方には（　）を付して共に掲示した。

改革前の薩摩の黒糖は、炭団《たどん》状の粗悪品であったが、煮汁検査・樽拵《たるごしらえ》検査を厳重にし樽の容量を一定したので、表11のごとく鰻上りの上値になった。量についてもかなりの増産があったと思えるが、表10に現れるかぎりにおいては、生産量の急上昇はない。もしこの数字が信頼すべきものとするならば、すでに改革前において搾取の数量的限界に達していたものであろう。ただし天保四・九年の減少は凶作のせいであって、調所の書簡にも「さて琉球表並三島・沖永良部島大変、何とも苦々しく込《こま》り入り候」と見えている。

増産のためには田を干して甘蔗畑とし、稲作を禁止した。十五歳から六十歳までの壮丁《そうてい》を

表11a 砂糖収入（文政年間）

年次	1斤につき価銀（匁）
文政　2年	0.74
3年	0.54
4年	0.54
5年	0.72
6年	0.86
7年	0.75
8年	0.77
9年	0.71
10年	0.69
11年	0.63
12年	0.52
文政度 11年間年平均	0.67

表11b 砂糖収入（天保年間）

年次	1斤につき価銀（匁）
天保　元年	0.70
2年	0.88
3年	1.10
4年	1.78
5年	1.09
6年	0.97
7年	1.02
8年	1.37
9年	1.50
10年	1.31
天保度 10年間年平均	1.17

	1億2000万斤分 代銀	金にして
文政度（惣買入前）	81,960貫	1,366,000両
天保度（惣買入後）	141,000	2,350,000
差額	59,040	984,000

作用夫《さくいぶ》、女を作用夫半人前として耕地を割り当て、冬期に地拵《じごしらえ》をし、正月中に甘蔗の植付けをさせ、もし違反者があれば処罰した。「奄美史談」は「いったいに藩政時代には、島民は一斤の砂糖すらも蓄えることを許されなかった。……藩吏の黍横目が監督し、その下の島役人である黍見舞がその手先となって厳しく督促し、島民が全力をつくして甘蔗の栽培に従事するようにしむけ、しばしもホッと息をつくひまを与えなかった。もしも甘蔗の苅株が高ければ、札をつけて晒《さら》し者にし、砂糖を指先につけてなめても鞭うたれた。ましてや砂糖の製造が粗悪ででもあったなら、かぶり（首枷《くびかせ》）やしまき（足枷《あしかせ》）のひどい刑罰を科した」と述べている。

莫大な純益と糖価維持への腐心

天保十年（一八三九年）には、各人が代物を注文しない残りの余計糖に対して、上図のごとき大半紙四つ切りの羽書《はがき》を与えて、貨幣の流通を全く停止してしまった。羽書の額面は希望によって分割し一々台帳に記載し、売買貸借に流通させたが、所有者はそれぞれの手控帳に収受を記して偽造を防止した。通用期間は毎年五月から七月までの三ヵ月間で、その後は直ちに流通を停止して総勘定をとげ、そのさい羽書を有する者は先納として本人の注文に任せて諸品を給せられ、またその品を翌年の羽書で支払いを受ける予約で売却することができる仕組みであった。

ところがこの交換が大変なペテンであった。米一升と黒糖五・〇七斤（逆算すれば黒糖一斤と米一合九勺）の交換比率であった。しかるに天保元年から同十年までの米一升の平均価格は銀九分六厘三毛余、黒糖一斤の平均価格は銀一匁一分七厘五毛だから糖価の方がはるかに高い。黒糖五・〇七斤の大坂相場は五匁九分六厘三毛余であったから、これを米一升の価格の九分六厘三毛余で割れば、六・二升の米をもらうべきなのに一升でごまかされたわけだ。諸経費を控除しても、三倍、四倍の純益になるはずだ。こんなボロイもうけがどこの世界にあろうか。

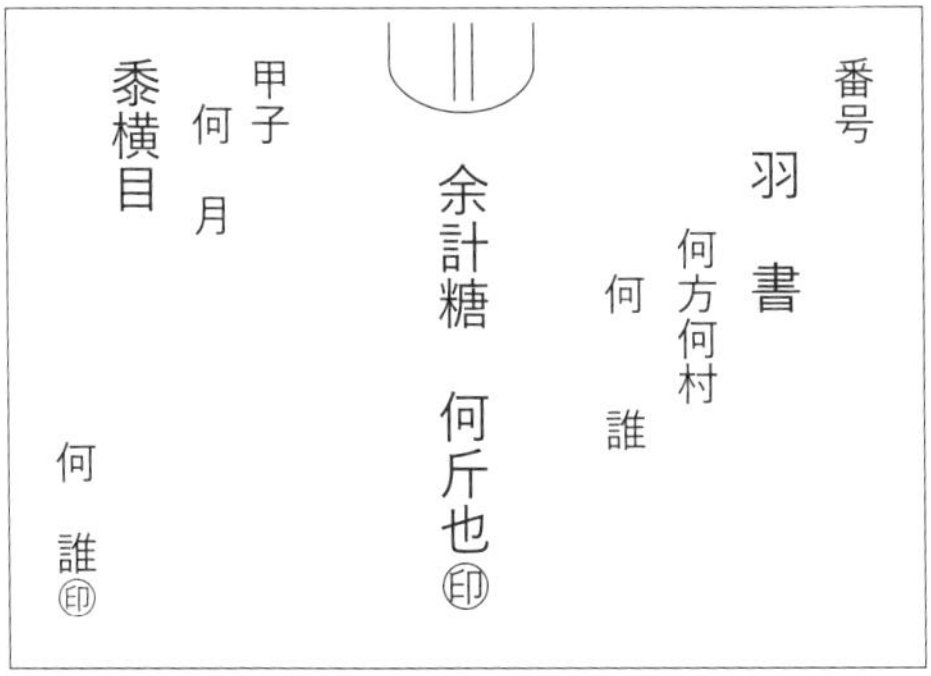

図4 羽書の一例

果たせるかな、改革後の十年間に、黒糖合計一億二千万斤、代銀二百三十五万両の売上高をかちえたのである。本多利明の「西域物語」には、「薩州侯の黒砂糖、一品にて毎年東都の売捌《うりさばき》金二百八十万両より三百万両に至るといへり」と改革以前の風評を述べているのは過大評価であるが、改革後の十年間で一挙に、改革前十年間の売上げ百三十六万六千両から、二百三十五万両に急騰したことは、大変な成功であった。黒糖の仕入価格は不当に安いし、また運賃コストの合理化を図ったのだから、おそらく百万両を下らない純益をあげたと見てさしつかえあるまい。

これだけの成績をもたらしたのはもちろん島民への生産強制・品位改良・密売の徹底的取締り・運賃コストの節減・交換比率のペテン的低率などの総合的効果であるが、その他に入札方法の改善と必死の価格操作の努力を見逃しえない。大坂における国産の売り捌きは浜村が主として決し、入札の晩は夜遅くまで熱心に衆議をつくした。また城下の町人薬師甚兵衛・加藤平八・桑原尚左衛門・同次郎左衛門・中村武兵衛の五人を御内用掛に任命して、交替で出坂して砂糖の取引に関係せしめた。

天保の改革において調所は、単なる節約政策にくみせず合理的なコスト引下げをねらい、また単なる増産政策にも満足せず、価格操作による総貨幣の増収を目標とした。これまでは流通過程において商人に翻弄されていたが、逆に商人を自家薬籠中《やくろうちゅう》の物として、その専門的手腕を活用した点が、天保改革の成功のゆえんである。

調所がいかに糖価の維持に腐心したかを示す逸話がある。和製砂糖（薩摩糖以外の内地産糖）が、寛政年間に讃岐高松藩から大坂に出荷されたのをはじめとし、阿波・土佐・和泉・河内・紀伊・駿河・三河・肥後・肥前等からも出荷されるようになり、出荷量も三千六百万斤の多額に達するようになり、天保十一年には一斤銀七分となり下落し始めた。調所は糖価下落の原因を大坂や堺の砂糖屋どもの術計かと疑い、逆にひそかに黒糖の大量買込みをやって価格つり上げを策したが、大損になった。また琉球糖を五枚帆三艘に積みこんで下関で売ったりしたが、景気は立ち直らなかった。

調所は例によって幕府に手を廻して、浜松家中の大蔵永常の「甘蔗大成」の出版停止をはかった（事実稿本のままにとどまった）。また海老原の話によれば、天保十二年、海商浜崎太平次に命じてひそかに黒糖を北海道に運輸せしめたということであるが、これは松前産の俵物との交換ではなかったろうか。「昆布は南西諸島ではなくてはならぬ必需品で、昔から下関で買い入れて、琉球方面へ商人どもが売り渡していたが……」という、もう一つの海老原談話とつき合わせて考えると、琉球下りまたは対中国貿易の資にも用いたものらしい。しかし天保末年における和製砂糖増産の全国的趨勢は、調所の人為をもって妨げられるものではなかった。

なお、大坂市場の薩摩糖の中には、普通に七十五万斤と称する琉球糖も含まれていた。琉球糖の伝来は元和九年（一六二三年）、儀間《ぎま》親方真常《しんじょう》に始まるといわれている。琉球糖には貢糖（年貢糖）と買上糖（年貢糖以外の糖）の二種があったが、貢糖の起源は琉球政府が薩摩藩から借りていた銀九千貫の償還に苦しんだあげく、借金償還策として始められたものである。正保四年（一六四七年）以来は、黒糖の私売買を禁じ、これを政庁で独占して薩摩藩への貢米の一部にあて、利益を借金の返済にあてた。薩摩藩はそれをよいことにして、その後も慣例化し、貢米のうち三千九百八十石を換糖上納にするよう命じた。

琉球政府は農民から、上納貢糖の残余の黒糖をまず麦・大豆等の畑租と相殺して徴収し、なお残余があれば一定の代価で買い上げ、それを薩摩藩に転売して利益を得た。この方法は第一次的には琉球政府が得をし、第二次的には薩摩藩が得をするという仕組みで、このような二重転売の利潤の底には、琉球農民への不当に安い糖価の押し付けがあった。薩摩藩は琉球からある年など全製糖額八十七万斤のうち八五・七％に当たる七十二万斤を収奪している。調所は高田尚五郎を在番奉行として収奪を強化した。

第五章
調所改革への不満

1　農政の乱れを正す

農村の疲弊と「上見部下り《うわみぶさが》」という宿弊

封建社会において、農村こそは領主財政の基盤であるが、それは同時に兵制の基盤でもある。しかし重豪の藩政改革では、第一目標は財政窮乏の対症療法的打開におかれ、未だ瓦解した農村の整備には向かわなかった。

あるとき、海老原が大坂から伏見への三十石船で偶然乗り合わせた同郷の税所《さいしょ》普門院という山伏が語った。「調所家老が藩の大借を片づけ財政復興に成功したのは大手柄だが、心ある人々は、もう一奮発して農政の紊乱を改正することを切望している。あなたからこの事を勧めてみたらどうか」というのである。そこで海老原は、折をみて調所に話すと、「わしは財政改革の大任を命ぜられて、今でもこのように昼夜奔走して手一杯だ。百姓どもの扱いは国元の家老たちの仕事だよ、私一人で何もかもできるものか」といわれ、返す言葉もなくそのままになっていた。

海老原はその後、天保十三年、曾木川の疏通を命ぜられたときに、大口郷の里村・大田《おおた》村の田地の中に茅藪があるのを見て、珍しいことだといったところ、「あれは休地です、休地というのは人口減少で各人への割当て田地が多くなりすぎ、とても手が廻りかねるから仕方なしに休み地にすることです。この村ももっと休地をふやさねば、とても百姓はやってゆけないと考えているところです」との話。これは以前に税所普門院から聞いた話と一致するし、そのうえ大口郷は隣藩肥後との国境で、藩主の面目にも関することだと、大いに驚いて江戸にいる調所にしらせた。すると折返し、「其ノ田地ノ畦反《せたん》・人員・村居ノ次第・戸数等残ル所ナク調べ、詳細申シ越スベシ」とのことなので、ふたたび両村に入って精微に調査して報告した。

　時節はちょうど春の頃でもあったろうか、村には壮丁なく老ぼれた男女ばかり残り、衣服は〝着たきり雀〟の哀れさであった。海老原は当時の実見を、「両村へ差シ入リテ人口ヲ見レバ大半老ボレタルモノバカリニテ、古櫃桶《ふるびつおけ》マデモ捜リシニ升合ノ貯ヘタル米穀モナク、目モ当テラレヌ有様ニテ、壮丁ハ身売リトカ雇ニ出タルトカニテ、今ヨリ休地ヲ増サネバ田作ル事能ハズト言フ事ナリ」と記している。

　またこれより少し前のこと、霜を見る初秋の季節になっても田圃の稲が刈られずに、水の中に折れて穂を垂れたままになっていた。なぜあのままにしているのだと聞けば、「まだ郡奉行の上見部下《うわみぶさが》りが無いから、刈るわけにゆかない」との返事。この答えには海老原も度肝を抜かれて、調所に事の仔細を報告したわけだ。

「上見部下り」の制度は、起源が「凶歳《きょうさい》（不作の年）ニ田ノ試験ヲ定メタル法」で、「不熟ニ遭フトキハ必ズアルベキ法」とされていた検見制である。

天保改革以前の菱刈《ひしかり》地方の田地の稲は、労力不足のために草と同じく、年々上見をもって上納する慣例になっていた。すると近郷の栗野・横川《よこがわ》・溝辺《みぞべ》等もまねを始めて、やれ風災だ、やれ旱害《かんがい》だ、やれ虫害だといって、少しの損害を口実にして「上見部下り」を願いたてるようになった。

このように菱刈郷をはじめ、真幸《まさき》・高城《たかじょう》・山之口《やまのくち》など日向の諸郷もまねるようになったが、大隅の高山や串良《くしら》なども弊害がはなはだしかった。これらの諸郷はいわゆる「寛郷」で、過少人口に対して耕作地の割当ての多すぎる地方だったから、みな何とかいっては、数十年の間「上見部下り」が流弊になっていた。藩内で全くこの弊がなかったのは、加世田・川辺・阿《あ》多《た》・田布施《たぶせ》・坊泊《ぼうとまり》・久志《くし》秋目《あきめ》・鹿籠《かご》・頴娃《えい》・知覧・山川《やまがわ》・指宿・今和泉《いまいずみ》・谷山《たにやま》・伊集院・市来・串木野など、いわゆる「狭郷」の人口過剰・耕地狭少地帯ぐらいのものだった。

いつも上見をする地方は、検査を受ける術が巧妙になって、受持ちの郡奉行や地方検者などもその詐術を看破することができなかった。このような悪弊が流行したものだから、年によっては数万石の租米減収になり、薩摩藩としては全く財政上手痛い打撃となっていた。その弊害が頂点に達したのが文化・文政の藩財政の最困難期であって、財政困難の皺寄せを百姓への苛《か》斂誅求《れんちゅうきゅう》に求める、そうすると百姓が疲弊して上見部下りとなるという、悪循環の繰り返しで、どこから農政改正の手をつけてよいのか途方に暮れる絶望状態に陥っていた。

上見部下り廃止をめぐる調所の苦心

このような農村の疲弊とそれにともなう上見部下りの流弊を、江戸の調所もまた他の人から多少聞き知っていたのであろうか、海老原への返書に、「紙面の趣きは実に驚愕の至りである。そんなにまでひどいとは思わなかった。さっそく主君に申し上げたところ、それは全く済まぬことじゃ、笑左衛門、今度の帰藩の節は家に帰らずに、直ちに川内から菱刈・真幸・小林の辺を巡回して、弊害を除き百姓が生活できるようにせよとの命令を受けた。海老原、お前も出府して、詳細に見聞の次第を報告するように」とのことだったから、江戸に出て逐一事情を報告した。

「上見部下り」を廃止するとなれば、百年来の習弊の革新であって大変な難事業である。しかしこれを断行しなければ、たとえ一応財政の復興に成功したように見えても、藩自体は五臓を蝕まれた病人のごときもので、崩壊は目に見えている。聡明な調所は事の重大さをいち早く看破して、国元の三原藤五郎に当たらせようとした。

三原は、薩摩藩農政の第一人者で、大坂は浜村、国元は三原と、調所がひたすら頼りにしていた有能な股肱であった。三原は、農政に造詣が深いだけに、調所への返書に、今度の農政改革の至難の事業であることを告げたらしい。そこで自身に農政の心得が皆無の調所は、いよいよ三原を頼り切りにして、海老原が大坂から国元へ出発のときに、「今度の巡回には三原をぜひ同行したいから、お前は小倉から船で一足先に帰国して、三原を必ず同行して川内まで馳せ帰れ」と、いい含めた。

海老原は大坂の公務を整理した後、昼夜兼行で帰国して三原のところに行くと、あいにくと三原は吐いたり下したりの病気で、病床に横たわっていた。命令を伝えると、「御覧の通りの病状だから、今明日加養して、多少快方に向かったら、押して川内までは参上すると伝えてくれ」とのこと。やむなく大急ぎで出水まで引き返して、事の仔細を報告すると、調所の機嫌が大変に悪く、「それはきっと虚病だ」といって、なかなか信じなかった。その翌日、阿久根《あくね》・湯田口《ゆだぐち》を巡村して久見崎《ぐみざき》へ出たときに、三原がやっと出会《しゅっかい》した。しかし、「まだ一日に数回も下痢していますから、はなはだ残念ながら、今度の御巡行の御供は御免こうむりたい。私の代理をさし立てますから」と、再三断って帰宅した。郡奉行の梅田九左衛門を推薦したが、森川利右衛門の方が素直だというので、海老原は森川を介添えにきめた。その夜は水引《みずひき》郷の田原の家に止宿、曾木川疏通の関係者や向田《むこうだ》（隈之城）の人々も来会して多人数の会合になったが、翌日は東郷の田代のところに止宿、海老原と二人きりになった。

その晩、調所が大息していうには、「今度の農政改革の成功は至難だ。わしが農政には全くの素人、お前とて同じ。三原が各郷の事情を知っているから、随行して輔佐させようとしたのに病気になったから、実行できない」と、しばらくは茫然としていた。調所がこのときのように苦心した姿を見せたのは、前にも後にもなかった。海老原が、「私はちっとも心を苦しめません。多年の宿弊を改める難事だが、たとい法を楯にとって異議を唱える者があっても、なんの恐るるところがありましょうや。臨機応変の処置を講ずればよいことです」と慰めても、「いやいや、そうじゃない。諸家は各自の収税上の家法を守り、どんなに一同が不服を唱うるか、わかったものではない」と、調所の嘆息は止まない。

海老原がさらに語を継いで、「だいたい今度の挙は、勧農の根本であり、国のために命ぜられたことであるから、もし仕損じたら辞職するまでのこと、私はあなたの抜擢で納戸奉行になっているが、これを辞めるくらいなんでもありません」といい放った。すると調所が笑いだして、「うん、そう思うか。その時になれば、私とて同じよ」という。それに対して、海老原が「あなたは御改革の大功があるから、そうもゆきますまい。私などの辞職などとは同日の談じゃないですよ」といって大笑いになった。

それから主命のごとく、川内川を川登りして、曾木川疏通の下り船を見て、大口に出たのがちょうどお盆の最中だった。止むなく本城に二泊、栗野・真幸を経て小林に至り、ふたたび栗野を経て加治木に出たが、この間十四、五日というものは、蔵の納め桝（蔵に入れる年貢米を計る桝）の事、運輸の便の事、民間疾苦の情態を詳細に見聞した。この旅中において、羽月《はづき》の下《しも》の木場《こば》に蔵を建てることや、小林・真幸地方の人々が加治木まで上納に行く不便を除去するために、栗野に蔵を建てることも決したし、蔵の納米一石を納めていたのを、およそ一斗を減ずる法を立てて、大いに民間の疾苦を除いたのである。

この間、いかにも調所らしいエピソードがある。菱刈の本城泊まりの夜、調所がいうには、「今度の改正は、郡方の規則を知っていなければ、識者の笑いを受けるは必然。しかるに、わしもお前（海老原）も農政にはうとい。山本孫兵衛は郡方のエキスパートで、何でもよく心得てぬかりがないから、彼を手許において記録代りにし、相談するつもりだ。今夜参上するという報告がきたよ。彼は有名なかたくな者でちょっと扱いにくい代物《しろもの》だが、お前、よく調子を合わせてうまくやってくれ」。海老原は、「御心配めさるるな。仰せの通り致します」と一笑して答えたが、その後数年、海老原と山本が同心協力して、この農政改正の難事業を成功させたわけである。人を選び、その能をつくさしめる妙ともいうべきである。

加治木の洲《す》の崎の蔵では、郡奉行・横目・郷の役々の集まっている中で横目と桝取りを呼び出し、去年の秋と全く同様の桝目で収納して見せよ、たとい過当の収納法であってもお前たちに咎はかけないからと安心させて、収納法を実見した。ところが四斗一升三合あったから、これは例年よりまず一斗ほど少ないなと察して、三斗二升の収納に対して現在「三のり」すなわち四斗一升六合の現上納を、「二のり」すなわち三斗八升四合の旧法に復することにした。これで農民は一石の上納分について約一斗を減じて、大いに助かったわけだが、領主たる武士・寺社は大いに不満を感じたのである。

「定免制」復活の大号令

さて鹿児島に帰府して、その年から断然「上見部下り」の宿弊を改め、領内残る所なく一律に、豊凶にかかわりなく定租をとる「定免制《じょうめん》」に復することを令した。この突然の定免制復活の大号令には、家老の面々・郡奉行・地方検者をはじめ、領内の士民で肝をつぶさぬ者はなかった。百年来の慣習を一朝にして改正するのだ、しかも士民ともに生活の基礎に関する最も重要な問題である。

時まさに旧の七月、今年の出来予想は中年の年柄ながら、すでに菱刈はじめ各郷の農民は、「上見部下り」を予定して収穫を待っていた。海老原ですら江戸において報告の際、何度も何度も、「今年は、すでに上見部下りの予定で稲作を始めたのだから、今になって突然定免制に変更したのでは、いわゆる教えざる民を殺すという諺にちかい。これは充分の準備のもとに、来年から始めては如何」と口を酸っぱくして調所に説いたのだ。まして農政に老練な三原は、「かような無謀な農政改正に関係しては、生命とりの失敗になる」と予想して、最初から関係しないよう逃げ腰をきめていたらしい。これらの慎重論に対して、調所は大いに憤慨した。

「公の命ぜられた事を、お前らが異論を唱えてはいけない。深く思慮をつくして考えて見よ。いったいこの藩の癖で、来年来年と延ばしたがったら、いっこうにできた例がない。まして数百年来の積習を一変するには、来年を期してやるなぞと手間ぬるいやり方ではだめだ。この際はただ主命を奉じて断行の二字あるのみ」

このような強靱な調所の決意に押されて、海老原は従い、三原は逃げる、家老・門閥など非常な不満の中で、孤立して農政改革の大事業を開始したのである。まず各郷受持ちの郡奉行や代官・高《たか》奉行（武士の禄高を司る役）へ厚く命じて、収納の期限、その方法、特に枡目の検査を厳にし、地方検者の人選をよくして村々の情実を探らせ、郷の役々を督責して勤惰を試み、期日を違えず報告させるようにしむけた。

果たして領内こぞっての大騒ぎとなり、各郷のうち少しでもその年の上納に苦しむ所からは、毎晩のように受持ちの掛りから、櫛の歯をひくように報告がくる始末。それでも受持ちの努力で何とか解決していったが、高山・串良の二郷は、有名な人手不足な地方だけに、最後まで上納未進になった。そこで老練な山本孫兵衛を使いに出したがらちが明かない。次いで内田仲左衛門を送ることになったが、内田が席をたつときに、三原が呼び返して、「かような事は不測の事変も生ずるものだから、その心得で無理を通さんように」と諭した。それを聞いた調所は、「いやいや、その遠慮は無用。きまった租税を納めさせるのだから、いかなる事があろうとも必ず皆納させよ」と訂正した。老練な三原の考えでは、窮民どもが上納に苦しんだあげく一揆を起こすことを心配したのだが、調所の決意はこれを粉砕する覚悟であった。かくて、このような調所の非常な決意に貫かれて、「上見部下り」の積習を廃し、「定免制」の確立を見たのである。

「上見部下り」の習弊の改正は、その道の郡方の人々すら、千に一つも成功すまいと思っていたのが成功した。その原因の最大なるものとして、「桝ノ悪習ヲ軽クシタルガ、壹石ニ凡ソ壹斗ノ差ニ至リタル事ナリ」と、海老原が断言しているように、下代・蔵役や領主の暴斂《ぼうれん》（重すぎる税）の弊の除去をやった点に求めることができる。

この収納法のことを少し説明しておこう。薩摩藩の上納俵は三斗入りで、これを「斗桝《とます》」という大桝を使って揺り込み掻き切りで詰め込んで計ったので、一斗は実は一斗一升七合三勺三才になったから、一俵の入れ実は三斗五升二合になっていた。大坂積出し米になるともっとひどいもので、大桝三つ（斗桝）のほかに、二升四合を加えたから、かれこれで三斗八升（大桝はどうしても量り方が多くなる）にも入れ実を上納することになっていた。このような官庫の収斂のひどさに相応して、給地（寺社や武士の知行）は二斗俵の小俵に二斗二升入れさせていたのを、いつの間にか二斗四升までは御免だといって収斂するようになり、むごい家などは百姓に二斗五升も入れ実をさせるようになっていた。

この悪習を一挙に廃して三斗八升四合の旧法に復したのだから、武士階級の失望は大きかった。そのうえ、薩摩藩の慣例として、家老座以下各局の書役を七年勤続すれば、その勤功に対して、「心付蔵方《こころづけくらかた》」といって、蔵役の職を与えていた。実際に蔵方の収納に当たって利を収める人もいたし、またこの利権を売る人もいてまちまちだったが、いずれにしても、蔵方の収納に際しての利権の価値が減じたので、役人たちにとっては、収納方法の改革は大変な痛手であった。

一方農民たちには、全体で二万石余の得となったので、定免制切り換えにもかかわらず、租税皆納の潤滑油となった。領主たる武士階級には収入減となったものの、一面年々の収入を確保することも可能になったわけで、必ずしも損ばかりではなかった。いわんや前述したように、蔵々の取納めが厳格になり、不正が除去されたから、改革前御扶持米を四石もらっている人は実際は三石四斗四升八合、ひどいときは二斗八升くらいしか入れ実がなかったのを、改革後はきちんと四石八升も入れ実があったのだから、大変な増収となったはずである。そのうえ、天保十四年（一八四三年）までは不足していた米が、出納を正すことによって余石を生じ、弘化四年（一八四七年）には三万石も囲い米を貯蓄することができるようになった。その結果、毎年の常例であった扶持米の遅・欠配もなくなったのである。

斉興の志は「国家安全万民快楽」にあり、農政の改革はその初志であったろうが、結局は農民とは無縁な君主本位の考え方にすぎなかった。なるほど周到にも調所は、指宿の浜崎太平次に命じて、肥後米一万石をひそかに購入させて山川の蔵に貯え、不慮の救済に備えている。これは年貢皆納後の農民が飢餓に襲われたときの用意である。また諸郷の営繕土木を興して、その夫役の賃銭を農民に与えた。これは突然の定免制施行で、農民たちが租税上納に苦しむのを緩和するためであった。

海老原は「改革ノ後ハ、租税少シモ滞リナク、尤モ凶年トテモナク、大イニ幸ヲ得タリ」といい、調所も「手扣《てびかえ》」に、「秋口御仕登せ米取り納め方等は勿論、其の外万事都合宜しく罷り成り、百姓共にも折角潤い立ち候様取り扱い仕らせ候」と報告しているが、なにしろ天保十三年から嘉永元年にかけてのわずか六年くらいの短期間のことであるから、充分にその成果をあげることは難しかったのではあるまいか。

調所農政の限界

嘉永二年（一八四九年、調所の死去の翌年）は、非常な飢饉年であった。翌三年の二月に、吉井泰通は弟の泰諭（いずれも斉彬の股肱として調所派の動静報吉の秘命をうけていた）に宛てた書簡でこう書いている。

「去年は近年にない珍しい飢饉であったが、やはり定代上納を仰せ渡された。先年から百姓が痛んでいるところに去年の飢饉だから、トント諸郷の百姓は労《つか》れて立ちも起きもならない状態の所もある。当今の政治のしかたは、下々を御救いになるような一片の憐愍《れんびん》もない。民は国君の子也、国君は民の父也と諺にもいうものを、このようなひどい御取扱いが一両年も続いたら、一日も国政は行なわれることがあるまい。これでは君上ただ御一人の御安楽にとどまり、士民は飢渇に及ぶというもので、慨嘆にたえない」

確かにこれは、定免制の欠点をズバリとついた指摘である。弘化元年（一八四四年）、当時十八歳の西郷隆盛は郡方書役助を勤めることとなったが、上司の郡奉行迫田太次右衛門は清廉剛直をもって鳴る人であった。善く民情の実際に即して、郷役の意見を重んじて農政を行なったが、ある凶年（おそらく嘉永二年）に定免制強行の令が達せられるや、憤然として宿舎の壁に、「虫よ虫、五ふし草（五穀）の根を絶つな、絶たばおのれも共に枯れなん」と書き残こして辞職したという。

天保改革における定免制の強行は、収奪の強化としては成功であったが、そのために農民がいっそう苦しい境遇におかれることになったのである。苦しみに耐えかねて無数の逃散人《ちょうさんにん》が現れた。西郷隆盛の上書によれば、「当時逃散して他国にある者が数千人もいる。弘化三年には五百余人を無理に連れ戻し、牛馬農具等まで与えたが、ほとんどまた逃げ去ってしまった」と述べられている。これは弘化三年閏五月から約一年もかかって、出水郷士河添白水が高鍋藩や日向の天領から逃散百姓を連れ戻した事件のことである。彼は秘命を帯びて日向に潜入して探索の手を伸べ、大藩の圧力にものいわせて、嫌がる百姓らを連れ戻したのだ。

元来、薩摩藩の農地制度では、土地は国有で、農民に私有を許さなかった。左ページの図のように農村を編制し、その最下部の実行単位として、「門《かど》」（小さいものを屋敷という地方もある）という農家の組がある。「門」を単位として耕地が配当され、年貢（八割）賦役が課される。耕地の各農家への配当は平均する仕組みであった。このような強制耕作の仕組みは薩摩藩独得のものでｊ、武士の知行も直接に「門」から徴収する仕組み、すなわち地方《じかた》知行になっていた。したがって農政の要点は、いかに「門」の生産力を平均化して農村組織の健全性を維持するかに置かれていた。だが享保七―十二年（一七二二―二七年）に総検地を施行して以来は、門割りをおろそかにしてきていた。

郡奉行らは口を揃えて、農村の崩壊と階級分化の原因は、各郷の人口と耕地との不均衡、したがって農民負担の不平等にあることを説いて、この際思いきって総検地を断行して地租と生産力の均衡を図るように勧めた。

しかしその度に調所は、「熟考すべし」と答えるのみで、ついには「矢張り今の如く置くべし」といって、検地門割りに着手しなかった。定免制強行の前提としては、再検地による地租や賦役の平等がなければならない。それを避けたところに、調所農政の根本的な欠陥と露骨な領主財政第一主義の性格がうかがえる。

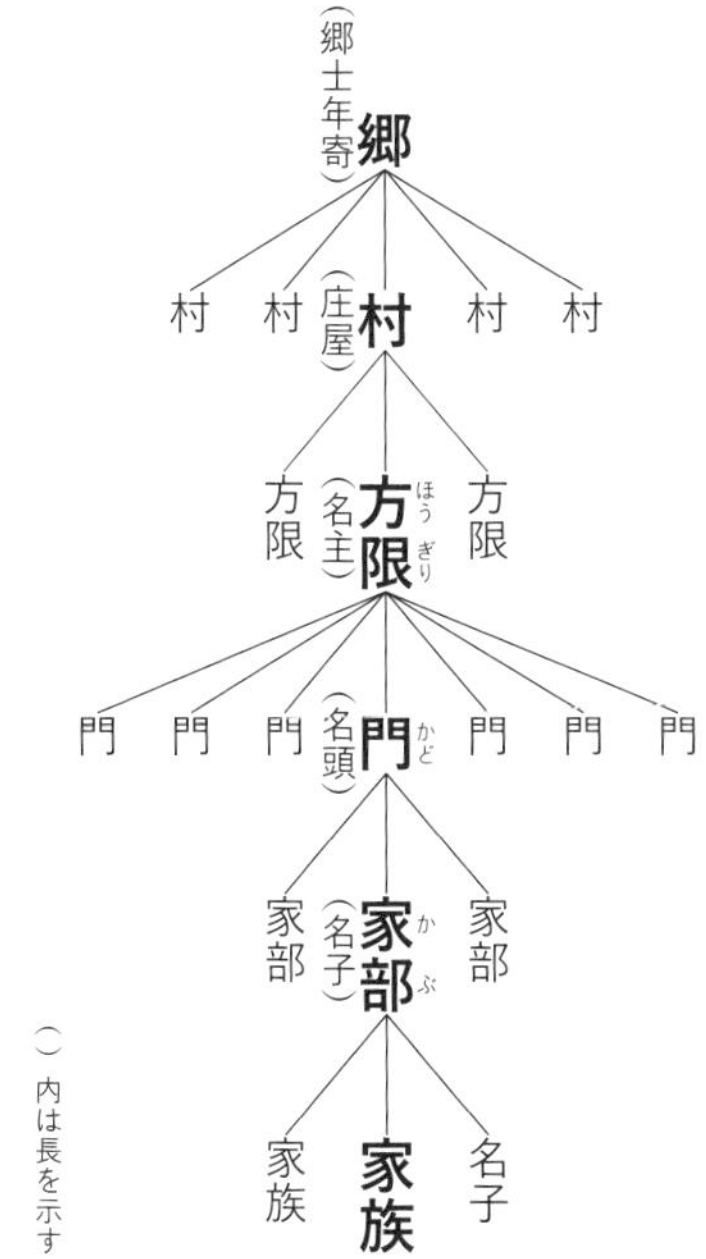

図5　薩摩藩の農政組織

2 思うにまかせぬ軍制改革

給地高の有名無実を正す

軍備の充実は、封建社会の至上目標である。そして軍備の基礎は、大きな意味において、農政の整備にあることはいうまでもない。農村の安定、財源の確保、囲い米（非常の備米）の貯蔵などがそれである。だが軍備の充実に直接必要なのは、給地高と兵賦の関係の整理と、時代に即応した洋式軍備の採用であった。

もともと武士の家禄高は、それぞれの身分別の制限が定められていて、家禄高に応じた軍役（馬・武具・従士）の数が諸士に割り当てられていた。だから高帳は軍役高帳と呼ばれ、動員リストの役目を果たしていた。

ところが前述したように、重み出米（禄高への課税）や江戸詰などの負担の苦しみから、高の売買が流行するようになり、制限以上の高を買い入れた者は旧高主名義のままにして年貢を取《しゅ》納《のう》していた。改革前は軍役高帳が最も有名無実になっていたときで、いざ有事の際には、有効な兵賦をたてることができない状態にあったわけである。当時は上高で一石二十四、五貫文、下高で十二、三貫文の相場で売買され、少しでも余裕のある人は争って高を求めることになり、なみの武士では三百石が制限額なのに数千石も兼併する者さえいたという。

そのうえ、出米座証文を悪用して私利をはかり、藩に大損をかける者が現れた。この出米座証文というのは、重み出米（三升または五升の附加税）は重税だから翌年の四月限りの金納とし、定出米《じょうしゅつまい》（九升二合の定上納）の方は現米で上納することにして、特別に出米座という一局を設けて金納請取《うけとり》書として出した証文のことである。当時米価は、鹿児島相場よりも大坂相場の方が安かったので、この安い大坂相場で金納する方が有利であった。

ところで重み出米の上納は四月を過ぎれば、出米未進の家禄高を没収する厳法であったから、毎年高奉行が厳しく督促して没収に至らないように周旋するもので、たいていは四月の二十五、六日頃にはなんとか無事にすむものだった。ところが年ごとに困窮の度がひどくなって四月中に納めることのできぬ人が現れ、五月になっても御兵具方の足軽に白昼提灯《ちょうちん》を持たせてまだ四月の夜が明けきらぬように見せかけて、督促の期日を延ばして上納を促したものである。ひどいのは五月の節句後まで期日が延びたそうだ。

これだけの手心を加えても期日が過ぎると、やむなく総勘定をするが、この際にも親心を出して、現米で納めることのできない者へは定出米も金納を許可することにした。このように右の出米座証文の制度は、もともと困窮者に対する救済手段であるのにかかわらず、金持ちで他人の高を隠し買いしている連中が悪用し始めた。

海老原は文政の末、最もこの悪弊のはなはだしい時分に高奉行所の書役を勤めていたから、軍役高の裏面の情実に精通していた。調所は海老原を主任とし、三原孫八・市来宗之丞を高奉行に新任して、非常な決意のもとに、過上高（制限以上の所有高）の売却と出米座の粛正を令した。弘化四年の四月末日の期限には、調所も海老原も関係者一同、夕刻まで頑張って給地高の計算が完了するのを待って下城したそうである。

弘化四年の軍役高改正の実施は、一般には知られていないが、給地高の有名無実を正して、高に応じた兵賦をたてることができるようにしたもので、いわば、天保改革の有終の美というべきであろう。

この施行の結果、小林郷の富農志戸本氏は、「まるで風船のしぼむように隠し高を没収された」という。また大崎郷の郷士年寄山下次右衛門家は表高八十六石の家格でありながら、実高は三百石にも及んでいたが、弘化の軍役高改正にはあわてて親族に分配してつじつまを合わせている。伊集院郷の有馬家も表高は四十石余にもかかわらず、内実は数百石の富有者であったらしいが、これも急いで親族故旧の名義に隠し高を切り換えている。有馬家の庶流に有馬清八という六十余歳の独身老人があり、石谷村《いしだに》のあたりに流浪して賃稼ぎをしていた。これを呼び寄せて二十五石の高と屋敷を与え、二男を養子にやっている。これらをもってしても、ある程度の実効を収めたといってよいだろう。

しかし公平に見て、これはあくまでも〝ある程度〟の実効であって、着手の翌年の嘉永元年十二月に調所は自殺しているし、そのうえ調所の親戚の後継者たる島津将曹《しょうそう》が自ら所有高の増加を図って給地高改正を紊乱したので、せっかくの努力も竜頭蛇尾《りゅうとうだび》に終わった。

軍役高の改正が徹底するのは、慶応元年（一八六五年）と明治二年（一八六九年）の第二・第三回の際であって、一は戊辰の戦役に備えて、一は廃藩置県の異変に備えたものであった。いま同時代に活躍した大番頭側役の名越彦太夫の記録をたどると、微禄から七百石余に達する買入れをしているが、君側の重役などには軍役高改正の効果は現れていないようである。彦太夫は慶応元年の第二回軍役高改正で初めて蓄積した過上高を吐き出している。慶応元年の軍役高改正は徹底したもので、どの記録にも過上高の処分の記事が見えるから、この意味においては、真の軍役高改正は、維新の動乱直前まで持ち越されたといってよいであろう。

軍役高改正と関連して兵賦上重要なのは、支族・門閥の家政の整理であった。いったい島津家には、一外城の持ち主（私領主）が全体で二十一もあり、その他にもこれに準ずるような大身の知行主も多かった。しかしこの頃の各家の貧之は極端なもので、ようやく五、六家くらいがマアマアという程度で、花岡《はなおか》領主の島津家の貧窮にいたっては目も当てられなかった。書院も雨が漏り軒が落ちているので閉屋にした。納戸蔵は高見馬場通りの角にあったが、塀が壊れているので通路からは見透しになって、壁土が落ちて見苦しいともなんともいえないありさま。屋内を傘をさして歩き、姫たちは外出には一つの駕籠に二人もつめこんだというのだから、全くひどいものだった。このような状態では軍賦をたてることができないと考えたので、新納熊五郎に命じて、花岡を手始めとして今和泉・重富・垂水・種子島等の諸家の家政復興に従事させたが、うまくいった。ついで寄合以上の家格の面々にも、「其ノ任ニ堪ヘザレバ、家格ヲ減ズベシ」と厳令したので、一同奮発して家政を一変した。

琉球警備の強化と洋式軍制への転換

天保八年（一八三七年）、山川港外にアメリカ船が現れて日本国中の大騒ぎとなったが、また弘化元年三月十一日にはフランス人宣教師オーギュスタン・フォルカドが来航し、イギリス船も再度薪水を求めて着船した。仏人は和交・交易・布教を求めて滞留していたが、英船も同年四月十五日には来航して英人医師宣教師のベッテルハイムを無理に残して帰っていった。同八日にはまた仏艦の乗組員三百人が上陸し、その後また運天港《うんてん》（沖縄県今帰仁村《なきじんそん》）に異船二隻が入港したが間もなく立ち去り、後にはベッテルハイムら英人四名と仏人ピエルマリー・ル・チュルジュだけが残って、やや平穏になった。琉球は東洋航路の好寄港地であったから、各国ともしきりに足がかりを求めたのである。

このように外警のことがやかましくなったので、薩摩藩としては幕府と謀って琉球警備を厳重にする方針を立てた。海老原を急ぎ帰国させて軍賦総裁として采配をふるわせ、とりあえず物頭三名と一隊の兵士を船三艘に仕立てて琉球に渡航させた。

異人館（慶応3年）

軍賦総裁に任命された海老原には、甲州流軍学が太平の世の机上戦法であり、薩摩藩士徳田邑興《ようこう》の唱える合伝流《ごうでんりゅう》軍学（島津家固有の旧軍法を骨幹としたもので、徳田邑興は重豪の怒りにふれて大島に流された）が実用的ではるかにすぐれていること、並びに西洋の情実を知って銃砲本位に兵備を改変しなければとても時勢に応じきれないという強い確信があった。そこで軍議局を新設して、毎夜のごとく法元《ほうが》六左衛門・竹下清右衛門・成田正右衛門・伊地知小十郎のような薩摩藩有識中の錚々《そうそう》を集めて論議をつくした。

ある日、斉興からの命があり、奥の書院で、主席は異国方家老島津石見《いわみ》、次は軍師後見大野清右衛門、次に軍師園田与藤次、その下に異国方の改役書役数名が列席し、客位の側には家老調所笑左衛門、次に側役二階堂右八郎、海老原宗之丞、得能彦左衛門、その下に軍賦役書記数名を対座させて、新旧軍法の利害得失を論定することになった。

席を進めた海老原が園田に向かって十余ヵ条の質問を行ない、「今日の時勢は銃砲戦を主とするのに、甲州流の五段備えで役に立つか」と詰めよった。そこで園田も窮して、「私はただ家伝の軍法を守っているだけで、現代の時勢に適するか否かは関知するところではない」と答えた。この結果が斉興に報告されて、従来軍事を主宰していた異国方並びに甲州流軍学は廃止になった。

廃止になったのはこれだけではなかった。旧来の荻野《おぎの》流、天山《てんさん》流等の砲術や弓槍の諸派が廃せられた。小銃や煙硝の製法も流派によって区々であったから規格を統一し、剣付鉄砲に切り換えた。こうして西洋の銃隊を基にして軍律を定め、多くの大砲・小銃を製造し、火薬・銃弾を兵器庫に貯え、海岸要枢の地にはすべて台場を築き、城下はもちろんのこと百二十余郷に新式の軍隊調練を始めた。

この洋式兵備の切換えには、長崎に学んで高島秋帆の伝をうけて帰国していた成田正右衛門を「島津家御流儀砲術」師範に抜擢した。見慣れぬ帽子や筒袖・バッチ（ズボン）をつけ、聞き慣れぬ鼓笛と号令で動く洋式調練は、藩内に大変な物議をかもした。諸郷の調練は、海老原が一隊の兵士をつれて巡回したが、城下士族の調練には川上式部・喜入摂津・鎌田出雲・頴娃織部・島津隼人・川上竜衛など、のちにいずれも家老に昇進したような門閥の名望家を起用して人心の調和を図った。大砲は高島の伝をもとにして原書から翻訳して五十ポンド・八十ポンド砲まで良砲を製造したというが、未だ幕府の砲術も充分に開けぬ時分に、これだけ一藩をあげて洋式兵備に切り換えたということは、話八分に割引きして考えても、偉とするに足る。

しかし斉彬は、西洋砲術も思ったように振るわず、新旧の砲術門人の間で不和が生じていることも探知していたし、西洋剣付鉄砲の法などとても海老原ごとき者の手で行き届くものではないと酷評し、軍船の建造についても良策があるのだがなかなか思っているばかりで実現できないと慨嘆している。斉彬のような卓抜した洋学の知識から眺めたとき、調所の施策はまだるっこしかったに違いない。

第六章

斉彬と調所の対立

1　調所をめぐる虚実

改革への鬱憤爆発

調所の改革が、借金の整理や黒糖専売などにとどまっている間は、虫けら同然の百姓町人だけにかかわることだと、無関心ですまされていた城下士族も、改革の鉾先が農政や軍制にまで向けられてくると、足元に火がついたような危惧をいだいた。なにしろ、家禄の収納は減る、役得はなくなる、過上高は吐き出さねばならない、これまでの武芸は無用化してしまうといった、空前の社会革命だったからだ。しかも改革の担当者たちは、茶坊主上りの家老をはじめ成上り者、ことに癪にさわるのが町人たちの抜擢であった。

ノド元過ぎれば熱さを忘れるの譬の通り、財政改革で一息つくと、それが誰のお蔭でもたらされたかを忘れ、鬱積した不平が爆発した。調所の執政のように、二十数年の長年月にわたる独裁は、まず史上類例が少ないのだから、人心の倦《う》むのも無理はない。そこに虚実とりまぜ大小無数の噂が飛び、非難が生まれた。国元では内田某なる者が「毒蛸変化物語」を著して調所を痛罵したのを手初めに、次のようなひどい数え歌が唄われた。

「一ツとのふ、秘事なる事は御内用、御蔵の金は蛸壺（調所）にしづま（二階堂志津馬）るかいな。二ツとのふ、二見に出る蛸と海老（海老原）、西の海に日がくれ真黒かいな。　三ツとのふ、みがきあげたる御剣筒、みれんな武士の腰抜は海老尻かいな。　四ツとのふ、よたれそつれならむうゐのおくさた（奥の沙汰）ばかりの御気えんにすひ付《つ》たこかいな。　五ツとのふ、いづれも人々おもひしれ、金のばちかぶり蛸海老かいな。　六ツとのふ、無益な科をいく人に、おとした罪を身の上に黒引《ひ》かいな。　七ツとのふ、なんばん国になぞらへて、七ツの島のなだめぐり、那覇行きかいな。　八ツとのふ、八ツ屋敷をとりこふて、柳田迄も屋敷並《なみ》内藤かいな。九ツとのふ、子共だましのお流儀は、かひなき武田の軍立亡ぶるかいな。　十ヲとのふ、どろつくどんと打太鼓、馬鹿な男の大尻をふらんす（仏式調練）かいな」

「一ツたこと和尚にかかくって　二ツ二人の相談で　三ツ身のよきやうに　四ツ養子にやり立て　五ツいくらも金がつく　六ツ無理なるやきかり　七ツ内証からくって　八ツやぶれて大さわぎ　九ツ此地におおりらか　十でとどめを待つばかり」

「一ツニ毒蛸道楽海老　二ツニ二人が仕業にて　三ツニ薩摩大さわぎ　四ツ余国に耻《はじ》さらし　五ツ軍はひまついえ（洋式調練）　六ツ無理なる家格下げ（軍役高改正）　七ツ難儀を民にかけ　八ツやかまし高一件の　九ツ今度は秩父まし　十で唐物あらはれた（密貿易露見）」

また嘉永二年五月十二日に山田清安から吉井泰諭に宛てた書簡には、「○江戸にて彼の事芝居にいたし候は別条これ無く、此の節飛脚にて下着の池田仲之助と申す人より直噺《じきばなし》にて候と申す人より承り申し候。諸家様御屋敷〳〵にての悪評判、実に顔出しは出来ずと申し候由、誠に残念至極の事に御座候。○扇の絵にも坊主の衣裳きたるものこれ有り。○草雙子《くさぞうし》も三国兼《みくにかね》と申すものと調所笑草と申すものと出来居り候を見候と申す人御座候」とあった。

調所の腹心たちの悪評

火のないところに煙は立たぬ。世間の非難にも、それ相当の根拠があったようである。調所が「御内用掛」を設け、「君公の内意」の名目によったことは、その手腕を自在に発揮するのには好都合であった。しかしその反面において、多分に掛りの者の恣意に左右される欠点があり、御用商人と役人の汚職奸曲を育てる温床ともなったのだ。公平に見るとき、調所を取り巻く一群の改革者の群像は、先に述べた文化の改革者の群像とは、思想系統からいっても、その素行からいっても、正反対といってよい。

まず海老原については、彼が調所の腹心として農政兵政の発案者であったことからであろうか、最も悪評の矢面に立たされた。斉彬は海老原を評して、「調所は我がままばかりでなく半分はよい事もあるが、海老原はその十倍も奸悪な者だ。多少学問があるからなおさらやっかいで、大変むつかしい人物だ。家老の誰一人とて彼に歯のたつような人物はいない。家老どもが結束して調所の一党の私曲を言上して一歩も退かぬ気組みなら、よもや斉興公もお取り上げにならぬこともあるまいに、さてさて不甲斐ないことだ。海老原は油断も隙もならぬ人物だから調所すらも彼を警戒して、斉興公の御前に近づけることを避けているそうだ。海老原の醜聞は苦々しい限りだ。近頃ある町人から木綿五十反・金二包を収賄したとかの噂がある」といっている。反調所派の人々の間では、出張先の田舎ではむろんのこと、自宅でも人妻を犯したりする人面獣心の道楽者だとか、先般の農政改正の時分に曾木・本城方面に抱地《かけち》（開墾地）を申請しておき公役の人夫を使って開墾させた由であるとか、さまざまに取り沙汰された。

島津将曹になると、調所の親戚ではあるし、かつまた調所の死後庶政《しょせい》（各方面の政治）を横断しただけに、海老原に劣らぬ風当たりの強さであった。給地高改正について私曲をはかったということは前に述べたが、次は汚職事件の噂である。近所に謀書（文書偽造）の前科者西田弥右衛門なるものがいたが、その西田から二百両の金子と立派な大小をもらって、屋久島奉行に任命したというのである。その刀箱をつくった大工から聞いたとか、いやその進物が届けられるのを見たとか、とりどりの噂であった。もう一つは加藤平八から収賄したという噂だ。この平八は調所の手先となってもっぱら密貿易に従事していたという臭い噂の持ち主だったが、将曹が調所生前に平八へ貸した一万両の藩債の返還を求めたところ、莫大な金子と琉球紬《つむぎ》最上品五反及び良酒を将曹に贈ったので、ピタリと催促をしなくなったのみならず、領内海人草の専売権とその資金まで貸与したということであった。この風評に対して斉彬は、加藤の一万両の借金を一時に返せというのは無理だから年賦償還にしたのであり、また海人草の件は全く斉興の御用のためのものだといっている。

二階堂志津馬は大目附兼側用人側役として調所につぐ信任と権勢を振るっていたから、これまた憎悪の的であった。彼の横暴は仲間うちでも毛嫌いされたらしく、君側を離して大坂に転任させることになった。そこで当番頭の吉利仲が御内用方御金の引き継ぎをうけようとしたところ、つかいこみをやっていて、どうしても三千両という大金の行方が不明になっていて、新しく帳面を作ってくれと頼みこむ始末、そのうえ、いろいろ言語に絶する乱脈ぶりなので、吉利仲から一々言上に及んだところ、斉興は肝をつぶして驚いた。彼の妾の目黒の料亭橋和屋のいそわも井戸に投身自殺した。

このほか伊集院平は二股膏薬の佞人《ねいじん》とののしられ、吉利仲その他改革中の当局者についても、ありとあらゆる悪評が乱れとんだ。こんな噂がどこまでほんとだったかは不明であるが、海老原が「調所さんは大海のような度量の人で、今日になって回顧しますと、いく度も大叱りをうけるか、またはクビになるような大しくじりをしでかしたのに、別に叱責も受けずに寛恕《かんじょ》の恩をうけている。夜半の寝覚《ねざめ》に思い出しては、背中にビッショリ冷汗をかきます。これは私に限ったことでなく、随従の人間で酒を過《すご》したり妓楼で遊んだりする者があっても、そんなことには少しも嫌な顔をしなかった。いったん信任した以上は小過を咎めることなく、怒りを抑え情を矯《た》め自己に克って、かりにも他人の前で顔色にあらわすようなことはしなかった。だから、改革中には数百人の人を用いたわけだが、未だ一人とて放免辞職になった者がなかった」と語っているのを見ると、多少は似たような事実もあったのだろう。

日夜執務に没頭し続けた調所

藩国の危機を打開するのには、門閥や格式は無用であり、有能な実務家が必要であった。無能無為はむろんのこと、清廉であっても無能な人間も、また有能であっても無為な人間も、調所の財政改革の助けにならないという点においては同じであった。もともと彼に押しつけられた重豪・斉興の秘命そのものが、常人の発想とは思えない雄大なものであった。したがって有能第一主義の人事を断行して、部下の〝有臭〟にも寛大になりえたのであろう。

この寛大さは裏を返せば、一度仕事のことになると鬼になったということにも通ずる。職務を怠るとか、不注意とかいうことが大嫌いといわれ、また自ら「上手ノ為サザルヨリモ、下手ノ為ルヲ好ム」と言っていた。このように、改革に余念がない調所だったから、自らは茶・花・囲碁・将棋・詩歌・角力などの好者でありながらフッツリとやめ、部下がこれらの趣味に凝ることをひどく嫌ったという。この点もまた文化度の改革者たちと異なるようだ。

大任をうけてからの調所の生活は一変し、ものすごい勉強第一主義であった。五十三歳の年から七十三歳の老齢に至るまで、毎年十月ごろ国元を出発し、途中長崎・大坂・京都に逗留して陣頭指揮に当たり、十二月中に江戸に出た。明けて二、三月にはふたたび同様な日程をくり返しながら帰国したから、一年のうち家族と同居するのはわずかに二、三ヵ月にすぎなかった。江戸にあっても鹿児島にあっても、彼の日常生活は、毎朝夜明けには来客と用談を始め、午前十時に出勤し午後四時に退庁したが、帰宅後また来客の応接に忙殺された。夜半に及んでも端然として倦むことがなかった。飛脚の前夜は必ず徹夜して、大小の事務を残らず斉興へ報告すべく筆を走らせた。

側近の者でも調所のだらけた姿を見た者は絶えてなかった。五百万両踏倒し事件の一、二年、調所が帰国しなかったら、たちまち役々の気がゆるんで諸事手抜かりだらけになっていたので、大変に忙しかった。そのときだけは方々に雷を落として皆を片端から慄え上らせたという。こんな状態だったから、ある年など帰国してからも荷物を解く暇もなく、おかげで荷造りの手間も省けたという笑い話もあるくらいだ。浜村宛ての次の手紙は、彼の日常の多忙を表すだけでなく、彼の人間らしい一面をうかがわせる面白いものだから紹介しておこう。

「さて自他国とも、霜枯れ時には御座候へども、たまたまには陽気なる御催しなどもこれ有るべく、又とし忘れなども追々御催しにて、御賑々しく候はんと折ふし思ひ出し、御うらやましく存じ奉り候。当方にては実に昼夜に掛け、諸事御内用向取り扱ひ候付き、一円寸暇これ無く、朝出勤、大かた暮がた帰宅。それより御内用の人々入来にて、めしも時々得たべ申さず。数寄《すき》の酒も存じの儘味ひも相成らず、寝酒に茶わん一杯位、唯グウーとやるばかりにて御座候。ついては房事なども殊の外疎《おろそか》に、それ故山の神の御機嫌甚だ悪しく、困り入り申し候」

彼の耳目は、道中にあっても針のようにとぎすまされて、絶えず諸国の風俗・政治・物産に学ぼうとしていた。道中で、これこれのことを調査して明朝報告するようにいいつけておいてから、いや今夜でも差し支えないというものだから、深夜に寝所にうかがい次の間から、参上しましたと一声かけると、すぐに起き上がって熱心に報告を聞くという状態であった。

天保七年の夏、初めて海老原が調所に面会したときは、海老原は三十四歳、調所は六十一歳であったが、それからの数年間というものは、壮年の海老原が老年の調所の精力についてゆけず、これでは身体がもたぬと思ったくらいであった。調所の家内の話を聞けば、調所が七十歳近くなったときになって初めて、「もう海老原などの元気にはかなわんわい」と洩らしたそうだ。とにかく大変な精力家で、たまに徹夜しても、翌日ちょっと居眠りするだけで精神が爽やかになったという。

反調所派によるあら探し

調所の仕事に対する態度は、よいと思ったことには即座に断を下す一面があるとともに、数日を熟考に費やすという詳悉周密《しょうしつしゅうみつ》な一面もあった。島津将曹は「広郷の思慮は、事によれば十分を過ぎ十三分に至り、三分は過慮である」とさえ評したという。彼のまわりには世人の反感が集中し、斉彬派が絶えずあら探しの目を光らせていたので、その生活は廉直を第一としなければならなかった。したがって、「調所さんの私生活はたいへん質素であった。鳥獣の肉は食べず、たいてい豆腐や野菜類を用いた。衣服は恩賜の物を身につけていたが、ふだんは粗紙尺違紙製のきものですませた。矢立は枯竹製を用い、刀も柄は皮巻きのものをもっぱら用いた。煙草入れは木綿製、煙管《キセル》は真鍮《しんちゅう》製であった。家屋は美材をつかってつくらず、部屋の中の道具もみな質素なものばかりだった。これはみんな斉興公の節倹主義にならったものであろう。刀剣や書画骨董《こっとう》のことにはたいへん明るくてひとかどの鑑定眼ももっていたが、まだ珍奇な物を買ったという噂を聞いたことがない」という海老原の話が、彼の日常生活の真実に近いようである。

反対派が調所のあらを発見したと勇んで江戸の斉彬に報告したことは、大方真実性に乏しい不発弾に終わった。くやしまぎれに、「調所は上手者で用心深いから、なかなかシッポを出さない」と毒づくのが関の山であった。斉彬派の探索では、調所は表向き五千両の借金をかかえているが、これは貧窮をよそおっているのではないかと臆測している。しかし若い時分から金銭には恬淡《てんたん》で、気前よく人に物を施す人だったし、また改革中の道中でも、長崎では旅費と江戸三ヵ月分の給料まですっかり費消したという話も残っているくらいだから、かなり逼迫することもままあったのではなかろうか。長崎商法の裏のからくりには、それくらいは身銭《みぜに》もきったと考えられる。

最も注意すべきは御用商人との関係であるが、浜村から立派な金屏風や石燈籠を贈られて大変喜んでいるが、これは斉興にも披露しているのだから、全然暗い影はない。家作りで浜村から六百両借りているがきれいに返済している。浜村に宛てた手紙に、「諏訪甚兵衛や加藤平八は拙者の家用を助けていろいろ世話になっているから、よろしく面倒をみてくれ」と依頼しているから、町人の援助を多少はうけていただろうと察せられる。しかしこれとてもごく軽い臨時のもので、かえって彼の方からの援助も時にはあったのではなかろうか。

桐野孫太郎には自分の金を用立てしていたらしく、後年調所家が零落してから返済を求めに行ったとき、幼女と侮って一文銭を与えたのでノブ女は土間に叩きつけて帰ってきたと話している。彼は「凡ソ人トシテ、過ギサレバ忘レ易キ習ヒナレドモ、広郷ハ幼年ノ頃恩ヲ受ケシトカ言フノ類、終身忘レズ。サレドモ其ノ報ヒニスルナドトハ色ニモ出サズ……」といわれているように、わずかの恩も必ず返す人であったから、その町人とのつきあいは綺麗なものだったと考えられる。かくてこと汚職に関しては、彼自身の身辺については黒い影はないようである。

2　黒い噂の中での最期

斉興の側室・お由羅の評判

反調所派がどんなに虚をうかがっても、調所に落度はなく、また斉興の信任は小ゆるぎ一つするものでなかった。そこで一統が待望したのが、世子斉彬の襲封、斉興の隠居ということであった。嘉永元年（一八四八年）には、斉興は五十八歳、斉彬は四十歳であった。ふつう大名家で四十歳といえば、とうに家督を譲ってよい歳であるが、斉興は頑張ってなかなか譲らない。それは斉興の背後で、側室お由羅《ゆら》と調所が妨害工作をしているからだというのがもっぱらの評判だった。

ゆらはもと江戸四国町《しこくまち》の大工の娘ともいい、または両国辺の船宿の娘ともいっている。遊芸が巧みで、島津家の奥向きに奉公しているうちに、斉興の手がついて久光を生んだ。鹿児島では斉彬をひいきにするあまりに、由羅を稀代の奸婦扱いにしているが、果たしてそうだろうか。もともと格式が厳重で、おまけに男尊女卑のうるさい尚武の国で、一介の江戸の下町娘が側室となり久光を生んだことそれ自体、すでに不幸の影がまつわりついていたといいえよう。

薩摩藩には「士踊《さむらいおどり》」という、武士の調練をかねた勇壮な踊があるが、嘉永二年の十一月二十二日、甲突川尻の塩浜で、城下上方限《かみほうぎり》の人数千二、三百人が陣羽織姿で士踊を催した。このとき、斉興は桟敷を設けて、由羅はじめ奥の女中たちを側にはべらせて見物した。これが大変物議をかもして、「士の皮をかぶっている者が、どんな面《つら》して踊をしたか」とののしられた。谷山の大砲試射見物に調所の家内たちが行っただけで非難される薩摩風俗の中で、江戸の町娘あがりが評判のよいわけはない。

島津斉彬

　由羅の兄が武士にとりたてられて岡田半七利友と名乗り、小納戸頭取を勤めていたが、これも悪口のタネになった。湯治先で酒に酔って乗馬で小児を踏み殺したのを、由羅が金を出して内済《ないさい》にしてくれたという事件などよい笑い種であった。また由羅が側用人伊集院平に頼んで貨殖をしているという噂があったが、これは事実であった。

　反対派が指摘するように、「君公の御声がかり」という名目で時には奥向から政事に口出しすることも多かったらしい。増長の果ては、わが子久光を家督にすえようとして斉彬の廃嫡を企み、調所や二階堂志津馬・島津将曹・伊集院平などを語らって、斉興に斉彬のことを讒言しているという評判であった。斉彬もこの噂には動かされたらしく、「蔦《つた》（ゆらを指す）の儀は相違もあるまじく、此の人さへ居り申さず候へば、万事によろしくと存じ申し候。家督の事は急ぎも致さざる事に候へども、蔦の処（策動）甚だ心配に存じ候事」と述べ、不安がっている。斉彬擁立派の物頭《ものがしら》近藤隆左衛門などは、由羅を寵愛する斉興を指して、「鼻下長の大愚州が、風邪一つひかずに元気でいるし、遊印（由羅）も一向に何の変りもなくパンパン（大元気）で、全く困ったものだ」と悪態をついている。

斉彬の襲封と調所退治の謀議

ところで噂のごとく、調所が久光擁立を謀る由羅一派に加担していたかという点については、事がらの性質上確証はないが、充分にありうべきことであった。調所の眼から見れば、「公（斉彬）は偏《ひとえ》に洋癖に固まり珍奇を衒《てら》ひ、無用の冗費をつくされ、用度《ようど》（必要な費用）為めに空竭《くうけつ》（すっかりなくなること）に至らん」「公は高祖重豪公の風あれば、或は驕奢に募《つの》り、わづかに立ち直らんとする御家の先途も危からん」というふうに映じた。江戸育ちで、しかも重豪の膝下に愛育された斉彬を、全く所帯の苦労を知らぬハイカラ若殿と感じたのは無理もないことで、財布の底を見ないで行なう文明開化は、重豪で充分に懲りていたのだ。

果たして襲封してからの斉彬は、大いに洋式工業を興し、軍艦や兵器を大量につくって、調所がためこんだ金を湯水のように消耗した。斉彬は英明だったから、「単なる物好きで洋式文化に金をつかうのではない。富国強兵のための投資だ」と釈明しているし、また事実そのような抱負を抱いていたと考えられる。しかし残念ながら、日本国全体の外警の危機対策を急ぎ、藩内施策については見るべきものを遺さなかった。かつて城外田上村の水車館で、「百姓共は唐芋を常食としている由、さてさて不愍」といいながら、実際の治政では、調所の遺した収奪方式を継承した。黒糖専売に至っては、三島のほかに沖永良部島・与論島までも加えたのだから、ある面においては調所以上の収奪強化といえよう。

水車館機織場跡（田上村）

庶民の膏血《こうけつ》を軍艦の製造につかい、それを惜しみなく幕府に献上している。この点においては調所の斉彬観は当たっていたが、一面からいえば、斉彬の時代は、もはや薩摩藩一藩のことのみにこだわっていられない新しい時代になっていたのである。ことに薩摩藩はその領国に琉球をもっていたから、ひとしお日本国の危機を痛感せざるをえなかった。

調所が改革の大任を拝命した文政十一年（一八二八年）に列座した白面の貴公子は、今や堂々たる英雄として、幕閣からも諸侯からも、日本の危機を解決すべく待望されていたのである。この二十余年の間に、時勢は転変し、問題の焦点が移っていたのだから、斉彬対調所の新旧の対立は避けがたいものであった。

当然の帰結として調所は由羅に近づき、閨門政策を通じて権力の確保に努めたであろう。斉彬は、「伊集院平や吉利仲が教えてくれたことだが、調所も二階堂もこわいのは斉彬と黒田美濃守（斉彬の大叔父）だけで、ほかは庇とも思っていない。去々年（弘化四年）から斉彬のことを色々と讒言していた。今考えると思い当たる節がいろいろある」といっているが、たしかに調所は斉彬の将来を惧《おそ》れていたらしい。調所の死後、幕府をはばかって嫡子の左門を稲留数馬と改名させて退役させながら、由羅が推薦してふたたび用人にしたことなどは、明らかに調所と由羅との深い連携を物語るものであろう。

斉彬は彼の襲封を待望する不平組の中から思慮周密な山口定救・吉井泰諭・村野実晨らを選んで、由羅や調所ら一派の動静を絶えず報告させるとともに、国内の政情や琉球の外警と、それらに対する人心の帰嚮《ききょう》（心を寄せること）をスパイ網で詳細に知っていた。そして一方においては、老中阿部伊勢守や水戸斉昭《なりあき》と親交を重ねつつ、大叔父黒田斉溥《なりひろ》・奥平昌高・南部信順《のぶより》や伊達宗城《むねなり》などの近親諸侯と調所退治の謀議を練っていた。調所さえいなければ、由羅の勢力も支えを失うからである。調所の農政や軍制の改革を徹底的にこきおろしながら、「笑（笑左衛門）の儀、勢ひつよき事、誠に悪《にく》むべき事に御座候。以後いかがの勢ひに相成り候やらむ。とても致し方なき節は、誰にても一はまり（奮発すなわち暗殺）致さず候ては、とても治まり申すまじくと存じ申し候」とけしかけているが、給地高改正と洋式兵備への切換え、この二つとも武士社会の根幹をゆるがす生活上の大変革であり、もってこいの煽動のタネであった。斉彬も一個の雄獅子であった。敵対する者は容赦なくやっつけた。調所および二階堂志津馬を失脚さすべく、大叔父黒田斉溥と共謀して、緻密で辛辣な手段を用いた。

「美濃守（斉溥）と相談して、この度の二階堂事件（三千両横領）並びに調所の密貿易事件も老中阿部伊勢守へ暴露したのだ。斉興公隠居の件は、すでに阿部から黒田へ話もあったが今度はふせておくことにした。その訳は、隠居させることは簡単だけれども、それでは父の機嫌を悪くして後々がとかく具合が悪い。できることなら自発的に隠居なさるよう仕向けた方がよいから、来年になって英国人も琉球を立ち去り、琉球人参府もうまくいったら将軍家から御ほめの言葉が下されるだろうから、その機会をとらえて、自発的に隠居なさるように手をうとう。二段階作戦をとって、まず今度は調所と二階堂の悪事を暴露して失脚させ、斉興公の翼をもぎとることにした。阿部も大名の隠居のことは命令しやすいことだが、その家臣の処分まで口出しすることは老中としてはやりにくかったのだ」と告白しているが、調所失脚のためには、薩摩藩の密貿易事件を暴露した。全く藩国を危うくするようなきわどいやり方であった。

「案のじょう調所は伊達宗城から秘密が洩れたと思っているそうだが、そんなふうに考えていては今後も危うい。ことだ。もらしたのは私だから」といっている。斉彬がこんなきわどい手段を選んだのは、阿部からごく内々に、「琉球の外交事件さえよくゆけば、小さいことは大目に見るから」と腹のうちを打ち明けられていたからである。阿部は斉彬の軍備・外交上の卓見に心服し、少しでも早く斉彬を家督にしたかったのである。だから斉彬らとしめし合わせて、調所の密貿易事件を追及して責任をとらせることにした。

密貿易事件というのは幕府の隠密が調査したことで、弘化三年（一八四六年）琉球の使者池城《ぐすく》が唐国へ渡航して交渉し、十万両の品物を薩摩から密輸出すること、および琉球の残留外国人をつれ帰ることをとりきめて帰国したという報告である。そのうえ、琉球の島々へ、異船が何用とも知れず（多分密輸）出没するという噂であった。この隠密調査に斉彬が陰で糸をひいていたわけである。

風力と潮流にのみ頼る帆船時代のことだから、外国との接触には薩摩藩ほど良い位置を占めているところはなかった。したがって領内の津々浦々には、大小無数の「抜荷《ぬけに》」すなわち密貿易の専門家がいた。中でも名高いのが「全国長者鑑」の筆頭にあげられている指宿の浜崎太左衛門・太平次の一家であるが、高山波見《はみ》浦の重《しげ》、串良《くしら》柏原《かしわばるらら》浦の田辺泰蔵、阿久根の丹宗・河南などで、数えてゆくとどこの浦でも噂が聞ける。坊之津・山川・志布志などは到るところに唐人町が残り、林・江夏《こうが》・河南など中国人の子孫が帰化している。「志布志千軒町《まち》や掃き掃除《そじ》ゃいらぬ、花の千亀女《せんがめじょ》が裾さばき」の唄でわかるように、にぎやかな海商たちの町には、美しい遊女も多くいたであろう。この志布志の町でも中山家はことに有名だったらしく、終戦後まで建物だけは残っていた。前と裏と右横と左横では、二階にも三階にも四階にもなっていた。棟続きの隣の家にすぐ逃げ出せる仕組みにもなっていた。船が入る日は、役人たちを招待して、山と積んだ山海の珍味と酒色の歓待で気をゆるませておいて、その間にこっそり抜荷の品を陸揚げするものだったという。

財政改革の鬼と化した調所がこの密貿易に目をつけぬわけがない。幸いにごく制限された枠内ではあったが琉球貿易が公許されていたので、その公許の隠れ蓑を着て、裏では盛大に藩営密貿易を開始したらしいことは、前にも触れた。そのためには年に二度は必ず自ら長崎に立ち寄って指揮したが、幕府のうちに手を廻して長崎奉行の人事まで都合のよいように企てているようだ。「老中水野越前殿の辞職の噂で、長崎商法の関係者が動揺しているそうだが、実は水野殿は薩摩にとってはあまり力になられたこともなく、かえってけむたい存在だったから好都合だ。また長崎奉行大草能登殿は四在勤もせられたからきっと転役になられよう。そこで太守様の御弓の師匠の佐橋市左衛門殿という筆頭御目附のかたを太守様の御声がかりで運動して、もしもうまくこの人などが奉行になられるようなことがあったら、全く渡りに舟の幸いだ。まあこんな事情だから、今日長崎の方へも細々と書いてやりますから、私の手紙が届いたら内々の事情をうち明けて話してやったら、長崎の地役人の腹もすわりましょう。また私が帰郷の途中で長崎に立ち寄って地役人どもの尻をたたき廻したら、一言もないくらいに従順になるでしょう」という彼の浜村宛ての書簡を見るとき、その周到な裏面工作に驚かざるをえない。絶対の秘密が斉彬から洩れようとは、さすがの調所も気がつかなかったのだ。

調所の死と遺族への追罰

嘉永元年（一八四八年）の秋、この時分にはめっきり弱った老軀を励ましつつ、調所は例の通りの旅程をへて、いつもより早く九月末か十月には江戸に到着していた。今度の旅行の目的は斉興の官位昇進免許であったが、それどころかとんでもない謀略が待ちかまえていた。阿部は彼に面会を許すどころか、密貿易一件を糺明してきた。絶対に洩れることはないと思っていたことが暴露したのだから、調所の驚きは大きかった。裏面で斉彬と阿部の間には、薩摩藩の科《とが》にしないという密契があるのを、神ならぬ身のなんで知ろう。このままでは斉興の立場が危うい、罪を一身にかぶって、事件をうやむやに葬ろうと、心中深く覚悟した。

かくてその年もおしつまった暮れの十八日、調所笑左衛門は、江戸西向の御長屋で自殺をとげた。時に、齢《よわい》七十三の極老であった。かつて海老原が、漢の張子房《ちょうしぼう》（張良《ちょうりょう》）が留《りゅう》の小地に安んじ、また新納忠元が大口郷木の氏村の小領地に安んじた例をひいて、明哲保身《めいてつほしん》（賢明な人は道理に従って事を処理し、自分を安全に保つこと）の道を勧めたとき、調所は「いや私はこの改革が完成するまでは退隠しない」と言ったそうである。慷慨死《こうがい》に就くを潔しとする薩摩にあっては、全く珍しいタイプの信念家であった。その調所が、改革の事業未だ半ばにして自殺する気持ちはどんなであったろう。

彼の死因を周囲は固く秘密にしていたが、斉彬の翌二年正月の手紙に、「一、笑吐血の事、大円寺にてはこれ無く候。宿（藩邸長屋）の事に御座候。全く胃血のよしに御座候」と書いてあることから察すれば、服毒自殺であったらしい。

斉彬は自分のしかけたワナにかかって調所が自殺したことを痛快がった。「調所の失脚は全く天機到来ともいうべきものだ。黒田美濃守が格別に大骨折りをしてくれた ·老中の阿部もよく心得たもので、うまく芝居をやってくれた。もう少し存命して二階堂志津馬のような見苦しい失脚ぶりを暴露してくれたらなおさらよかったのに、そういうことにもならずに早く死んだとは、さてさて運の強い人だ。きっと由羅たちや町人どもが腰を抜かしていることだろう」

調所の死後、嫡子左門は、稲留と姓を変え、名も数馬と改めて、小納戸頭取の職を辞めさせられた。これは幕府へのはばかりからであった。平之馬場《ひらのばば》の屋敷は御取り上げという名目であったが、内々で六百両の御買上金が下された。

転居のときもまたトラブルがあったらしい。それは、買上げの条件では家・土蔵・長屋廻り等の建物は全部残しておくということだったから、屋敷を賜った島津石見から居宅廻りと土蔵二軒は残しておいてくれと相談されたのに、全部原良《はらら》村へ移転したという噂であった。反対派の人々は、「およそ大国の家老まで勤めた者の家族が、ノメノメと生きているさえ恥であるのに、なんたる恥さらしか」と歯ぎしりした。

このような反対派の憤慨にもかかわらず、斉興の調所信任はその死後も変わることなく、斉興の前では調所の悪口など言えるものでなかったらしい。数馬はふたたびとりたてられて用人となった。

安政六年九月（一八五九年）に斉興が死んだ。頑固一徹で調所を信頼することの厚かった斉興の死去は、反調所派にとって、頭の抑え手がなくなったも同然であった。もうこの時分は尊王攘夷論が叫ばれ、藩内の事情も下剋上の風が強くなりつつあった時勢である。ついに文久三年（一八六三年）二月二十日、調所の遺族に追罰が下った。

「稲留数馬　右ハ亡調所笑左衛門在職、上ヲ欺キ下ヲ軽ンジ、奸曲私欲ヲ専ラトシ、国体ヲ損ジ風俗ヲ乱シ、邦家ヲ覆シ危キニ至ラシメ、其ノ魁首ト成リテ阿諛《あゆ》ノ者ニ党シ、重畳極罪ノ者候ニ付キ、御先代様（斉彬）ニモ　思《おぼ》シ召シ在ラセラレ候間、キットモ仰セ付ケラルベク候へドモ、死後ノ事ニモコレ有り、カタガタ　御宥恕《ごゆうじょ》ヲ以テ家格相下ゲラレ、代々小番へ入レ置カレ、左候テ、定メ置カレ候外、持高御取リ揚ゲ仰セ付ケラレ候」

藩の危機を救った大恩人が、時勢の転変によって、亡国の逆臣というレッテルを貼られることになったのである。この文久の追罰以後、調所家は日蔭におかれ、数馬も早世した。人々の冷たい眼の中で維新を迎えたが、そのときは孫謙次郎の代になっていた。謙次郎は無職で過ごし、後見をしていた本家の草牟田《そうむた》の家も明治二十年代には売却し、また原良村の屋敷も売り払って、一家はばらばらに離散せざるをえなくなった。長男の勝吉にだけ調所を嗣《つ》がせ、二男の広胖《ひろあき》は早くから町人小久保家に養子にやった。長男勝吉が早世したので養家から引き戻したが、この幼い弟（当時八歳くらい）は姉のノブ女に向かって、「本当に姉さんか」と訝《いぶか》ったそうである。

ノブ女は年上だけによく母を助けて、金助《きんすけ》マリ（鞠）や押絵の内職にはげみ、夜になると一里余も歩いて町まで呼び売りに出かけた。母は御高祖頭巾《おこそずきん》で面体を隠し外で待っていると、無邪気な少女は旅館の二階に上って行って金助マリを売った。帰りは夜中を過ぎていたという。

こうした生活を送っているうちに、旅館の亭主（もと調所家の下人）の肝煎りで、客の高山村永井実功の家に十三歳のとき貰われていくことになった。「金助鞠々《まいまい》」と寒風の中で呼ぶ少女の哀音は、地方郷士の憐みをよほどさそったらしく、ノブ女のように、城下士族の娘で養女に貰われたのは、高山村で十八人、吾平郷で十三人もあったそうである。

3　お由羅騒動の怨み

家督相続問題とお由羅騒動

われわれは最後に、〝お由羅騒動〟のあらましを知っておく必要がある。この斉彬派対調所派の確執が、その後長く鹿児島人の調所観を悪化させ定着させたからである。

さて斉彬は、由羅を支持する元兇《げんきょう》調所と二階堂志津馬を倒したが、父の斉興がいっこうに隠居する気配を見せない。それどころか島津将曹（調所の引立てで立身した。調所の嫡子左門にその養女を娶《めあわ》す）が家老となって奸曲専恣のふるまいがはなはだしかった。また斉彬の子女が次々に夭死したので、これはわが子久光を家督にしようとはかる由羅が、呪詛して消したものだというもっぱらの噂であった。山田一郎左衛門が吉井泰諭へ宛てた嘉永二年五月十二日の書簡に、「江戸表御三男様（虎寿丸）御誕生の儀は誠に有難く候処、盛之進様（二男）にも又々おかしな御病症に在らせられ候由。如何仕り候はば彼の賊等（由羅一派）を早く誅討致すべきやと、昼夜も安眠も出来かね候次第、御察し下さるべく候」と述べているが、いかに城下の有志が由羅を疑惑視し憎んでいたか察するに難くない。

ついに由羅・久光およびこれを支持する島津将曹を鉄砲で打ち殺し、呪詛の兵道者牧仲太郎《まきちゅうたろう》を斬殺すべしと相談して、刺客が牧のあとを追いかけ廻すようになった。斉彬も彼らの請うにまかせて自分ら父子の形代《かたしろ》を与え、由羅の呪詛に対抗する修法を行なわしめているほどだから、当時の騒然たる家督相続の不安がうかがわれる。しかしふとしたことから秘密が洩れ、激怒した斉興の直命で、嘉永二年十二月六日を皮切りに、斉彬擁立派四十数名に酷刑が言い渡された。激烈な性格の斉興を、由羅はじめ側近の二股膏薬と仇名された伊集院平などが煽りたてたから、大変なことになった。

町奉行兼物頭近藤隆左衛門・町奉行格兼鉄砲奉行山田一郎左衛門・御船奉行格兼御家老書役高崎五郎右衛門の三人を、斉興隠居斉彬継嗣の事を企み、かつ由羅・久光・将曹らの殺害を計画し、政治を誹謗した首魁だとみなして切腹させたが、それでも腹の虫がおさまらずに、追罰して士籍を除き、死体を掘り出して磔刑《たっけい》にし、近藤に対しては特に鋸挽《のこぎりび》きの極刑を加えた。

その他、家老島津壱岐（久武）を切腹、島津の名号および国名剥奪の処分にし、物頭赤山靭負《ゆきえ》・土持岱助《たいすけ》・村田平左衛門・国分猪十郎・中村嘉右衛門・野村喜八郎・吉井泰通・仙波小太郎らを切腹させ、大目附二階堂主計（経行）を御役御免にし、その死後さらに除籍・墓碑撤去の命を下した。物頭名越左源太（時行）・吉井泰諭・白尾伝右衛門の大島遠島、甑《こしき》島地頭新納時升・村野実晨の徳之島遠島、利通の父で琉球館蔵役勤務の大久保利世や山口定救の喜界島遠島、山之内貞奇《さだよし》の臥蛇《がじゃ》島遠島、松元一左衛門・肱岡五郎太・和田仁十郎・近藤七郎右衛門らの遠島処刑者十二名を出したが、この中には大番頭・寄合の島津清太夫の御役御免、島津称号および「久」の字の剝奪、小番に家格下げのうえ幽閉、さらに徳之島への遠島処分も含まれている。そのほか高木市助は幽閉中に自殺したし、別に御役御免、慎みの処分になったものが十五名に及んだ。

ここで注目されるのは、八田知紀《はったとものり》（国学者・歌人として有名）や後醍院真柱（国学者）・関広国《せきひろくに》・有馬一郎（義成）・奈良原助左衛門・同喜左衛門が含まれていることである。有馬は文化度の〝秩父崩れ〟で大島遠島になり、のち許されて隠居していたものであり、また奈良原助左衛門は近思録派の中心人物木藤武清の門人であることから知られるように、彼らの処分は、かつての〝秩父崩れ〟の再発と考えられる一面があるからである。これらの壮士とは別に、山田の妻の歌を種子島に遠島、高崎の子左太郎（後の御歌所長、正風の幼名）と近藤の子欽吉を、十五歳になるのを待って遠島ということにした。

彼らはいずれもいさぎよく刑に服したが、脱藩して筑前の黒田斉溥へ提訴しようとして奔《はし》ったものが現れた。井上経徳・木村時澄・竹内重任・岩崎長直の四人がそれである。黒田藩では、再三にわたる島津藩からの引渡し要求を強硬につっぱねて保護し、彼らの提訴をとりあげて、幕閣と交渉して御家騒動の処理に乗り出した。幕府は、奥平昌高・南部信順・伊達宗城らの近親諸侯の努力と老中阿部伊勢守の好意によって、島津久徳・吉利仲を召換し、斉興隠居の内諭を下した。斉興はなおも頑張ろうとしたが、ついに折れて嘉永三年十二月朔日、隠居を願い出《い》で、翌四年二月に許可され斉彬が襲封した。

〝嘉永朋党崩れ〟、俗には〝お由羅騒動〟といわれるこの事件は、その経過の多彩、そのスケールの大きさ、その刑の苛酷惨烈なことにおいて、小説家には興味ある題材を提供してくれるが、本書の主題をはずれるからこの辺でおいておこう。

憎しみの中での抹殺

われわれとして注意したいことは、この事件の犠牲者の数が多かったため、その縁故者も多く、彼らがこの処分を決定した主謀者と目される島津将曹・伊集院平・吉利仲らに深い怨恨をいだいたこと、また犠牲者がいずれも高風清廉の士であったため世人の深い同情が集まったということだ。例えば大久保一蔵（利通）は父を遠島にされて衣食に窮したし、西郷吉之助（隆盛）は父の吉兵衛が御用たしを勤めていた赤山靱負が自刃の夜呼ばれて血染めの肌衣を遺言として与えられて、悲涙にむせんで口惜しがったということである。また犠牲者の一人有馬一郎・関広国は、大久保・西郷らに大きな感化を与えていた。この事件を青年時代に経験した西郷吉之助・大久保一蔵らが成長して、やがて維新の政局を動かしたわけだから、彼ら維新の志士に、将曹ら一味の親玉と目された調所の評判がよかろうわけはない。聡明な斉彬は、「調所は半分はよいところがある」と評価したけれども、一般には、なにもかも一切が憎しみの中に抹殺されて今日に及んだのである。

海老原清澂は、調所笑左衛門を追懐《ついかい》して、「かくとだに言はまほしけれ苔の下の君が心の底も知られて」と詠んだが、地下の調所は、明治百年の国運の発展をどのような感懐《かいかん》で見てきたことだろうか。調所を好むと好まざるとにかかわらず、明治維新は薩長、とくに薩摩藩の巨大な軍事力によって推進された事実と、それを生み出したエネルギーの蓄積者調所笑左衛門広郷の功績を無視することはできない。

嘉永六年十二月、水戸斉昭に与えた書簡で、斉彬が次のように言いえたことを記して、本書を終わりたい。

「いづ方も困窮の向き多く（諸侯貧困）御座候間、なにとぞ御配当金の御工夫専一に願ひ奉り候。尤も私には少々の貯へも御座候間、船（軍艦）十五艘位の処はまづは差し支へは御座無く候へども、外々《ほかぼか》困窮の向きも御座有るべく存じ奉り候間、なにとぞ御工夫の程恐れながら願ひ上げ奉り候」

復刊に寄せて

調所広郷研究の深化のために

志學館大学人間関係学部教授
原口泉

本書の旧版である『幕末の薩摩』は昭和四十一年（一九六六年）四月、中公新書で出版された。増刷を経て今は絶版になっていた。著者の故原口虎雄がアメリカ・ネブラスカ州立大学客員教授を終えて次男の私ら家族と共に帰国した翌年であった。父は五十歳になるまで鹿児島で薩摩藩の農村地方史料の研究に没頭していた。アメリカでの自由な一年間の研究生活で明治維新と薩摩藩の世界史的意義を突き詰めた結果が本書であったと思う。

本書は調所笑左衛門広郷の初めての伝記で巷間《こうかん》の調所像を全く覆す衝撃的なものだった。書名（主題「幕末の薩摩」）からして中央公論社は西郷隆盛・大久保利通などが活躍した華々しい薩摩藩の幕末維新史を期待していたに違いない。しかし父は初めから調所広郷伝を世に問うつもりだった。本書（中公新書版）の副題「悲劇の改革者、調所笑左衛門」は本題と見るべきで、復刊では書名の主・副を逆転した。主人公調所広郷はアトラスを支えるプロメテウスに譬《たと》えられ、調所無くして雄藩薩摩は無く、従って維新の推進役となることは無かったと喝破した。

本書（旧版）の刊行直後、『小説現代』七月号が書評した。直木三十五などがぼろ糞に酷評していた歴史小説世界からの反響であった。父の仕事を「この三十年間に四千余の文献（古文書）を写し各地を探訪した彼（著者）は、自ら賽の河原の石積と称する篤学者だけに丹念な考証は定評がある」と。父は昭和三十八年九月の朝日新聞の取材に対し、「私の仕事の半分以上は、古文書をさがしあて、見せてもらうまでの苦労です」と語っている。

最大の功労者調所がなぜ「国家（藩）を傾けようとした乱臣」極悪人とされねばならなかったのか？　本書は数奇な運命を辿った、高山（現在の肝付町）に住む調所の曾孫、上村ノブ女との運命的出会いから始まる。父は高山郷の農村調査の最中であった。

零落した調所一族の中にあって、高山郷の名家永井家の養女となったノブは、調所の遺品と文書・記録類を十三歳から八十八歳まで頑なに守り伝えた。父はノブの生涯を本書（旧版）の刊行二年後の昭和四十三年、「鹿児島の女～調所笑左衛門の孫娘～」（『女性残酷物語2』所収、大和書房）の中で詳述している。調所家の惣領と言われていた弟広胖《ひろあき》五十三歳との死に別れ、その時系図と肖像は失われてしまったらしいがノブに託された史料だけは無事であった。中でも調所から大坂商人出雲屋（浜村）孫兵衛へ宛てた天保初年の書状は財政改革の核心に迫る史料だが、父はこの史料から改革は二人のコンビで進められたと確信している。

昭和六十二年、芳即正《かんばしのりまさ》氏の『調所広郷』（吉川弘文館）によってさらに精緻な調所像が示された。改革主任任命が文政十一年（一八二八年）であったこと、調所が重豪から斉興側近に移ったことなどが新知見である。改革の全体像と調所評価の論点は踏襲されているので、『幕末の薩摩』が薩摩藩研究者必読の本であることに変わりはない。何よりも平成十三年十二月十九日、調所家の墓が島津家の旧菩提寺福昌寺《ふくしょうじ》墓地に戻され名誉が回復したことを著者は泉下《せんか》で喜んでいるであろう。十二月十九日は広郷の命日である。

本書（旧版）刊行から五十八年の歳月が流れた。未利用の調所史料がかなりあることが判明している今、研究を深化しなければならない。そのためにも原点となった本書が見直されてよい。今後の研究の視点を掲げておきたい。

まず天保六年（一八三五年）の画期性が指摘できる。この年の暮れ、浜村と調所は二人で五百万両負債の踏み倒しを決めた。財政改革のスタートだ。改革主任任命から七年後である。玉里御殿が完成、藩主斉興は花倉《けくら》御殿から転居した。のちに花倉御殿では偽金が造られていたとも伝えられている。玉里御殿の近くに愛妾お由羅が住んだという屋敷もある。花倉御殿の天狗脅しのきな臭い噂もこの頃だ。

同年御禁制の一向宗が大弾圧されたことも改革の開始と無関係ではない。隠れ念仏と呼ばれた門徒が本願寺に国産品のお布施を献上すれば、国産品が中央市場の上方で値崩れするので調所は看過できなかった。七十講十四万人の門徒が摘発される「大法難」となった。五百万両の負債は二百五十ヵ年賦無利子返還法を施行して事実上踏み倒した。奄美の黒糖専売制はさらに強化、抜け荷は死罪とされた。はては天保十年（一八三九年）、奄美では貨幣の流通さえ全面禁止された。羽書《はがき》制度の施行である。
では財政改革の目処が立ったのはいつだったのか？　天保十一年（一八四〇年）のことであった。大御隠居重豪の命じた五十万両の備蓄もできたことを調所は重豪の霊に報告したであろう。幕末、家老桂久武《かつらひさたけ》ら在京の薩摩藩士はよく北野天満宮に参詣した。左遷され大宰府で客死した菅原道真を祀る天神の総社京都北野天満宮である。この天満宮に藩主島津斉興の名のもと、調所広郷と京都留守居山田清安《きよやす》が連名で、立派な金灯籠二基を道真の縁日の天保十一年五月二十五日に寄進した。改革の目処が立ったことのお礼参りであろう。

天保十一年には肥後の名石工岩永三五郎が招聘《しょうへい》され、港・石橋・道路・新田開発など物流・物産インフラの整備が始まっている。諸営繕費用は二百万両にも達した。この時鹿児島県に繋がる産業基盤は整備されたと言ってよい。改革は財政に留まらず、流通改革・農政改革・軍制改革の全構造改革に及んでいる。期間は二十年という長期に及び既得権を奪われた者が多かった。

最後は七十三歳にして密貿易の嫌疑を一身に受け、嘉永元年（一八四八年）芝藩邸で没した。調所は世子島津斉彬と幕府閣老阿部正弘の共謀であることは知る由もなかった。

薩摩藩が雄藩として戊辰戦争に勝利して明治維新が達成できたのは調所の功績に他ならない。

ペリー提督が開国を要求した嘉永六年（一八五三年）十二月、島津斉彬が「薩摩藩は軍艦十五艘くらい用意できます」と水戸斉昭に豪語した書状を『幕末の薩摩』の結びとしている。

従来の研究は調所の腹心であった実務家海老原清熈《きよひろ》の回想に大きく依拠していたことは否めない。西南戦争後疲弊していた鹿児島県の振興のために渡辺千秋県令が海老原に天保改革を諮問したものである。今後は調所が起用した福山郷の厚地《あつち》家や高城《たかじょう》郷の後藤家の経営史料や改革の機動力となった河南源兵衛や浜崎太平次の海運史料を分析して改革の全容をさらに明らかにしていくことが課題であろう。

略歴

原口泉　はらぐち・いずみ

一九四七年、鹿児島県生まれ。歴史学者。東京大学文学部国史学科卒業。東京大学大学院人文科学研究科博士課程単位取得中退（文学修士）。鹿児島大学名誉教授。志學館大学人間関係学部教授。専門は日本近世史・近代史。著書多数。NHK大河ドラマ「翔ぶが如く」「篤姫」「西郷どん」などの時代考証を担当。

参考文献

本書は、主として著者蒐集の文書と聞書によった。
一般には次の刊本が参考書としてあげられる。

鹿児島県史
薩藩史談集（重野安繹・小牧昌業）
封建社会崩壊過程の研究（土屋喬雄）
近世日本国民史（徳富蘇峰）
倭文麻環
大西郷全集
本邦糖業史（樋口弘）
奄美史談・徳之島事情（名瀬市史資料三）
奄美大島に於ける家人の研究他二編（右同二）
島津斉彬文書上
先賢遺宝（寺師宗徳）
島津斉彬公伝（中村徳五郎）
薩藩天保度改革の諸前提（山本弘文論文）

薩藩町方制度の研究（吾平町誌上・拙稿）
門割制度（平凡社「世界歴史大辞典」二〇・拙稿）
鹿児島県農業発達史序説（中央公論社「日本農業発達史」別巻上・拙稿）
薩藩郷士生活の経済的基礎（宮本又次編「九州経済史研究」所収拙稿）
日本残酷物語　鎖国編（平凡社・拙稿）
鹿児島県の歴史（宝文館「郷土の歴史　九州編」所収拙稿）

なお、児玉幸多・秀村選三両教授の論文が最も手堅く創見に満ちているので参考になった。

薩摩藩関係略年表（天保の改革を中心に）

年号（西暦）	調所年齢	薩摩藩政	調所履歴
慶長14（1609）		琉球征服	
15（1610）		大島代官創置（奄美五島管轄）・直川智《すなおかわち》大島に糖苗をもたらす（伝説）	
元和2（1616）		徳之島奉行創置（徳之島・沖永良部島・与論島管轄）	
寛永17（1640）		永野《ながの》金山発見	
万治3（1660）		芹ケ野《せりがの》金山開鉱	
寛文2（1662）		垂水に阿波徳島の甘蔗《かんしょ》を植栽	
貞享1（1684）		禰寝《ねじめ》清雄、櫨《はぜ》の植栽を頴娃《えい》郷に課す	
元禄4（1691）		沖永良部代官別置（沖永良部・与論島管轄）	
6（1693）		喜界島代官別置	
8（1695）		大島に黍《きび》検者を置く	
10（1697）		黍横目・津口横目・竹木横目ら諸横目をこの年以後置く	

元禄11（1698）		種子島に琉球王より甘藷《かんしょ》を贈り、栽植を始める
宝永2（1705）		前田利右衛門、琉球より甘藷をもたらし普及さす
正徳3（1713）		黒糖の大坂積出し始まる
享保19（1734）		徳之島に黍横目を置く
		享保年間に大坂にて黒糖入札仲買人六組制度実施
延享2（1745）		換糖上納令施行（黒糖一斤代米三合六勺換）
宝暦4（1754）		二月、木曽川治水工事着手、翌年三月竣工
5（1755）		重豪襲封
6（1756）		徳之島に甘蔗植付けを命ず
8（1758）		砂糖樽取調べ実施
10（1760）		徳之島役料米・扶持米のほか所務砂糖代納とす
12（1762）		砂糖一斤代米三合換え令実施
明和3（1766）		徳之島定式買入糖七十三万斤と定める
4（1767）		大島に白糖製造を始めしめる。南山俗語考編集
8（1771）		重豪、長崎を見学す。琉球産物志十五巻編集

安永1（1772）		言語、容貌等風俗向上を令す。商人招致のため居《い》附《つき》（領内滞在）・縁組等勝手次第とする	
2（1773）		聖堂（後の造士館）及び武芸稽古所（演武館）創設	
3（1774）		医学館竣工	
5（1776）	*1*	重豪の二女茂姫（広大院）、徳川豊千代（家斉）へ縁組、老中より達せられる	川崎主右衛門兼孝の子として城下堂の前に生まれる
6（1777）	*2*	三島砂糖惣買入れ始まる	
8（1779）	*4*	暦局（明時館）創設。桜島噴火	
天明7（1787）	*12*	斉宣襲封、重豪藩政を介助す。明年以後三島定式買入糖のほか買重糖の斤量を定める	
8（1788）	*13*	京都大火、禁裏並びに二条城普請手伝。金二十万両を幕府に献納	調所清悦の養子となる
寛政2（1790）	*15*		茶道となり清悦を襲名
10（1798）	*23*		**二月**…出府、重豪附の茶道となり笑悦と改名。御役料三十俵

寛政11（1799）	*24*	大島に地方検者を置く。黒糖買手次第交易御免もこの頃か	**十一月**…石州流大沢宗敷へ入門。裏千家安尾宗虎へ入門
文化1（1804）	*29*	成形図説の一部三十巻出版	
2（1805）	*30*	**十二月**…斉宣、亀鶴問答を作り、藩政改革の意を家老らに示す	
3（1806）	*31*	五年間格外省略（非常の倹約）延長・出銀米《しゅつぎんまい》（武士への課税）賦課を継続し、家中宛行《あてがい》（給与）を減少	
4（1807）	*32*	樺山主税・秩父太郎を家老に任用	
5（1808）	*33*	**正月**…諸郷鷹場廃止、人別一匁出銀及び牛馬・船出銀（船舶への課税）免除。諸役場取縮め改革吟味を令す。**二月**…春秋の孔子祭取止め令、加治木領主並びに隠居の驕奢譴責。**四月**…重豪、樺山・秩父の家老を役免。**六月**…重豪再び藩政介助、旧制の復帰を令す。**七月**…秩父、九月樺山自刃。いわゆる近思録崩れ始まる。処分される者百十二名	
6（1809）	*34*	**六月**…斉興襲封	

7（1810）	35	琉球輸入唐物の薄紙・五色唐紙・釘・羊毛織・丹通・緞子《どんす》・猩燕脂《しょうえんし》・花紺青《はなこんじょう》等、定量売捌五年間免除をうける	
8（1811）	36		**一月**…御茶道頭、御役料米五十俵、御役料銀三枚三十匁。新番に昇格。依然として無高無屋敷
10（1813）	38		**七月**…御小納戸勤となり蓄髪して笑左衛門と改める
12（1815）	40		**七月**…御小納戸頭取御用兼御取次見習
13（1816）	41	**五月**…徳之島母間《ぼま》村強訴一揆	
15（1818）	43		**一月**…御使番となる
文政1（1818）	43	**四月**…琉球輸入唐物蜍（釣り糸）・硼砂《ほうしゃ》・桂枝《けいし》・厚朴《こうぼく》定量の販売二年間免許をうける。三島自物砂糖山川にて惣買入れを令す	

文政2（1819）	44	文化十四年以降の重み出米賦課を二年間延長 大坂銀主等、薩藩に一切貸出しを拒む	
3（1820）	45	琉球輸入唐物の厚朴二千斤を減じ、玳瑁《たいまい》（鼈甲《べっこう》となる海亀）・白手《しらて》竜脳《りゅうのう》売捌三年間免許をうける	
5（1822）	47		町奉行となり、小林地頭職を兼ねる
7（1824）	49	英国捕鯨船、宝島で乱暴。種子島に初めて甘蔗を植栽	**十一月**…御側御用人格・両御隠居様御続料掛となる。このころ芭蕉布三端を褒賞される
8（1825）	50		**八月**…御側御用人・御側役勤となる。佐多地頭職兼務
9（1826）	51	重豪、シーボルトと会談	菊池東原と共に変名潜行して大坂の経済事情を調査
10（1827）	52	大島に牛馬皮取締役創置	**四月**…太平布二疋下賜、唐物商法の褒賞。別に年月不明で縮緬五巻を唐物商法の功で下賜

11（1828）	53		御側御用人調所広郷財政改革主任となる。この前後より改革資金調達に死力をつくす
12（1829）	54	藩営藍玉製造開始	十月より佐藤信淵の助言をうける
天保1（1830）	55	**十二月**…重豪朱印書を下す。三島砂糖惣買入着手。大島に間切横目・牛馬皮掛を置く	**三月**…両御隠居様御続料掛を依然として兼務の辞令をうける
2（1831）	56		**十二月**…大番頭となる
3（1832）	57	菜種子の改良増産に着手	**二月**…大目附格となる。**十二月**…財政整理の功により家老格側詰勤となる
4（1833）	58	重豪死去	**三月**…斉興より朱印書により財政改革遂行を改めて委任される。家老側詰勤となる
6（1835）	60	この冬、藩債二百五十ヵ年賦償還法決定。産米改良に成功	

天保7（1836） 61 幕府へ謝恩として十万両献金。藩債償還法を大坂に施行

8（1837） 62 七月…米船モリソン号山川港に来る。藩債償還法を江戸に施行

9（1838） 63 江戸城西丸手伝普請として十万両献金
六月…琉球館聞役となる

10（1839） 64 この冬、筑後松崎より蠟師を招き生蠟石絞りを試みる。硫黄島の硫黄採取法を改める。三島余計糖に羽書を発行して通貨を停止する。伊藤伝後左衛門を長崎に派して楮植栽を伝習せしめる

11（1840） 65 この年までに財政改革ほぼ成功し、藩庫貯備金五十万両のほかに諸営繕費用二百万両に達す

13（1842） 67 一月…曾木川疎水工事着手。三月…斉興、中村茶屋下海岸に銃砲操練を閲し、高島流砲術に島津家御流儀を称せしめる。七月…中村屋敷内に製薬方を立てる。八月…上見部下りを廃し、納桝を改正す

14（1843） 68 四月…曾木川疎通工事完成。この年出水庄村《いずみしょうむら》塩浜および今釜《いまがま》新田工事を伊藤伝後左衛門に行なわ

		しめる。**十月**…英艦八重山測量。**十一月**…英艦宮古島来航
弘化1（1844）	**69**	**三月**…仏艦来航して通信貿易布教を求め宣教師フォルカドを留めて去る。**十一月**…福州駐留英国領事、琉球館に対して貿易開始を求む。この年、弁天波止に銃砲製造所を設く
2（1845）	**70**	**六月**…国分《こくぶ》小村《こむら》新田工事に着手。**五月**…英国測量艦那覇来航。**七月**…英艦一隻八重山来航
3（1846）	**71**	**四月**…英船那覇に至り、ベッテルハイムを強いて滞留させる。仏艦サビーヌ号那覇来航。**五月**…運天港に廻航し他の二隻と合し、琉吏に互市を求める。**五月**…鹿児島鶴《つる》江《え》崎《ざき》に鋳製方を設ける。**閏五月**…仏艦隊去り、フォルカドの代わりにル・チュルジュ滞留。**六月**…斉彬、対外処置委任の幕命をうけて帰国。**八月**…英国艦隊三隻那覇来航。**十月**…斉彬、国内を巡見して幕府に情況報告。琉球在番奉行倉山久寿、摂政浦添王子三司官国吉親方を招き、止むをえざれば、通商要求をいれるべきことを内諭。この年、藩政改革年限を三年延長

弘化4（1847）	72	**七月**…琉球警備のため、小姓与番頭島津久包《ひさかね》を渡海させる。各小姓与番頭に御流儀大砲掛を命じ、成田正右衛門の輔佐により諸士を指導せしめる。**八月**…砲術館設置。**九月**…領内沿海要地の砲台建設に着手。**十月**…軍制改革布告。吉野原《よしのばる》に洋式銃砲隊千余名の大操練を行ない、五十斤臼砲試射。**十一月**…給地高改正布告	
嘉永1（1848）	73	**二月**…斉興、東目《ひがしめ》（大隅半島側）二十郷巡見、各所に砲術練習を閲する。**五月**…軍制改革実施、成田正右衛門に高島流砲術掛を命ずる。**六月**…斉興、天保山に砲術演習を閲する。**七月**…ル・チュルジュ退去。**九月**…砲術演習を吉野原に行なう。沿海事変の際の出張人数等を定める。**十二月**…島津久宝《ひさたか》を琉球掛とし、側役二階堂志津馬に調所の所管事務をつがしめる。改革年限を二年延長	十二月十八日　広郷、江戸芝藩邸にて自殺する
嘉永2（1849）		**二月**…二階堂志津馬役免、小番格下げ・隠居・慎みの処分をうける。**四月**…山田一郎左衛門ら名越時行宅に集会して、権臣排除を謀議。**十一月**…英艦那覇来航、外相の書簡をもたらす。**十二月**…山田・近藤ら自刃を命ぜられ、嘉永朋党崩れ始まる。	

3（1850）	**三月**…八十ポンド野戦砲試射。山田・近藤・高崎を朋党の首魁とし、士籍を除き、死体を磔刑または鋸引きに処す。**十一月**…幕府、斉興の隠居を内諭する
4（1851）	**二月**…斉彬襲封
安政5（1858）	**七月**…斉彬死亡、久光の子忠徳《ただのり》（忠義《ただよし》）跡をつぐ。 **十一月**…加世田一揆
万延1（1860）	**九月**…斉興死去
文久3（1863）	**六月**…薩英戦争
元治1（1864）	**五月**…徳之島、犬田布《いぬたぶ》一揆

本文写真

地図作成……島村圭之

本書は、『幕末の薩摩 ―悲劇の改革者、調所笑左衛門―』（中央公論社、一九六六年）を改題し、原口泉氏により改訂された新版です。

著者略歴

原口虎雄　はらぐち・とらお

一九一四年、鹿児島県生まれ。一九四一年、東京帝国大学法学部卒業。一九六四〜六五年、米国ネブラスカ大学およびハワイ大学琉球研究所において共同研究に参加。鹿児島大学名誉教授。専攻、日本経済史。一九八六年十月逝去。

主要論著に『鹿児島県近代農業史序説』『薩摩郷士生活の経済的基礎』『薩摩の砂糖』『鹿児島県農事調査』『門割制度』『薩藩町方制度の研究』『鹿児島県の歴史』『藩法集 鹿児島藩 上・下巻』など。

幕末の薩摩藩
悲劇の改革者
調所笑左衛門

2024年7月18日　第1刷発行

著者　原口虎雄
装幀者　浅妻健司
発行者　碇　高明
発行所　株式会社草思社
〒160-0022
東京都新宿区新宿1-10-1
電話　営業03（4580）7676
編集03（4580）7680
本文組版　浅妻健司
印刷・製本　中央精版印刷株式会社

ISBN978-4-7942-2735-5
Printed in Japan　検印省略

造本には十分注意しておりますが、万一、乱丁、落丁、印刷不良などがございましたら、ご面倒ですが、小社営業部宛にお送りください。送料小社負担にてお取替えさせていただきます。